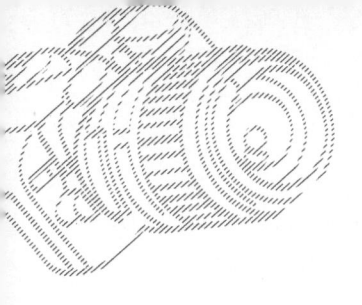

ADMINIS-TRAÇÃO ES-TRATÉGICA NA INVESTI-GAÇÃO PRO-FISSIONAL

O selo DIALÓGICA da Editora InterSaberes faz referência às publicações que privilegiam uma linguagem na qual o autor dialoga com o leitor por meio de recursos textuais e visuais, o que torna o conteúdo muito mais dinâmico. São livros que criam um ambiente de interação com o leitor – seu universo cultural, social e de elaboração de conhecimentos –, possibilitando um real processo de interlocução para que a comunicação se efetive.

Fernando Eduardo Kerschbaumer

EDITORA intersaberes

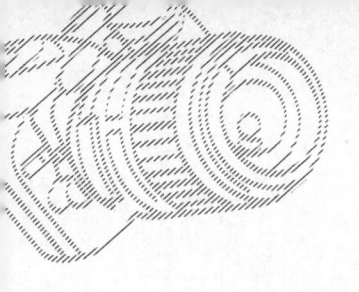

ADMINISTRAÇÃO ESTRATÉGICA NA INVESTIGAÇÃO PROFISSIONAL

Dados Internacionais de Catalogação na Publicação (CIP)
(Câmara Brasileira do Livro, SP, Brasil)

Kerschbaumer, Fernando Eduardo
  Administração estratégica na investigação profissional/Fernando Eduardo Kerschbaumer. Curitiba: InterSaberes, 2020. (Série Estudos de Investigação Particular)

  Bibliografia
  ISBN 978-65-5517-599-8

  1. Administração estratégica 2. Formação profissional 3. Investigação - Administração I. Título II. Série.

20-35954   CDD-658.4

Índices para catálogo sistemático:
1. Administração estratégica: Investigação: Exercício profissional: Administração   658.4

Maria Alice Ferreira – Bibliotecária – CRB-8/7964

1ª edição, 2020.

Foi feito o depósito legal.

Informamos que é de inteira responsabilidade do autor a emissão de conceitos.

Nenhuma parte desta publicação poderá ser reproduzida por qualquer meio ou forma sem a prévia autorização da Editora InterSaberes.

A violação dos direitos autorais é crime estabelecido na Lei n. 9.610/1998 e punido pelo art. 184 do Código Penal.

EDITORA intersaberes

Rua Clara Vendramin, 58
Mossunguê . CEP 81200-170
Curitiba . PR . Brasil
Fone: (41) 2106-4170
www.intersaberes.com
editora@editoraintersaberes.com.br

Conselho editorial
— Dr. Ivo José Both (presidente)
— Dr.ª Elena Godoy
— Dr. Neri dos Santos
— Dr. Ulf Gregor Baranow

Editora-chefe
— Lindsay Azambuja

Gerente editorial
— Ariadne Nunes Wenger

Preparação de originais
— Fabricia E. de Souza

Edição de texto
— Palavra do Editor
— Osny Tavares

Capa
— Charles L. da Silva (*design*)
— Jeff Cleveland/Shutterstock (imagem)

Projeto gráfico
— Iná Trigo (*design*)
— father/Shutterstock (imagens)

Diagramação
— Estúdio Nótua

Equipe de *design*
— Mayra Yoshizawa
— Sílvio Gabriel Spannenberg

Iconografia
— Sandra Lopis da Silveira
— Regina Claudia Cruz Prestes

sumário

apresentação _____ 10
como aproveitar ao máximo este livro _____ 12
introdução _____ 16

capítulo 1
Conceitos de estratégia e prática estratégica _____ **18**
   1.1 A importância da estratégia _____ 19
   1.2 A estratégia e os 5 Ps _____ 21
   1.3 Estratégia e mudanças _____ 25
   1.4 A estratégia nas organizações _____ 31

capítulo 2
Análise de ambientes _____ **39**
   2.1 Análise do ambiente interno _____ 40
   2.2 Análise do ambiente externo _____ 41
   2.3 Tendências e possibilidades futuras _____ 42
   2.4 Elaboração de cenários _____ 43

capítulo 3
O estrategista _____ **52**
   3.1 Desafios do estrategista _____ 53
   3.2 O gerente e seu papel na estratégia _____ 54
   3.3 O nível intermediário da decisão estratégica _____ 59
   3.4 A tomada de decisão estratégica _____ 60
   3.5 Construção de organizações de aprendizado _____ 62

capítulo 4
Ferramentas para a estratégia _____ **70**
   4.1 Utilização de ferramentas na estratégia _____ 71
   4.2 Forças competitivas de Porter _____ 71
   4.3 Análise do ciclo de vida _____ 76
   4.4 Análise SWOT _____ 78

4.5 Cadeia de valor de Porter _____ 79
4.6 Estratégias genéricas de Porter _____ 81
4.7 Conceito e aplicação do 5W2H _____ 85

capítulo 5
Análise de desempenho da estratégia nas organizações _ 91
5.1 A importância da análise de desempenho _____ 92
5.2 Análise do ambiente interno _____ 92
5.3 A questão do valor _____ 93
5.4 A questão da raridade, da imitabilidade
e da organização _____ 94
5.5 Sustentação do desempenho _____ 96
5.6 Posicionamento estratégico _____ 102

capítulo 6
Aplicações na investigação profissional _____ 112
6.1 A estratégia para a gestão dos negócios
de investigação profissional _____ 113
6.2 O investigador profissional estrategista _____ 114
6.3 Utilização das ferramentas para a estratégia
no negócio da investigação profissional _____ 115
6.4 PDCA e gestão estratégica na investigação
profissional _____ 118
6.5 Desempenho estratégico na investigação
profissional _____ 119
6.6 Planejamento e acompanhamento da investigação
profissional _____ 120

considerações finais _____ 127
referências _____ 130
respostas _____ 132
sobre o autor _____ 136

Esta obra é dedicada a Deus, pela essência de nossas vidas, bem como ao meu pai (*in memoriam*), à minha mãe e à minha noiva, que muito me incentivaram em toda a trajetória de aprendizado e ensino. Dedico também a todos os meus irmãos, consanguíneos ou não, que de alguma forma sempre estiveram presentes na minha jornada.

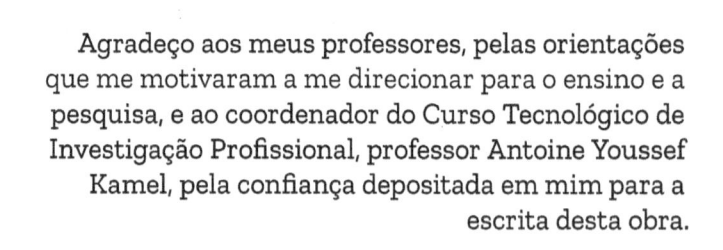

Agradeço aos meus professores, pelas orientações que me motivaram a me direcionar para o ensino e a pesquisa, e ao coordenador do Curso Tecnológico de Investigação Profissional, professor Antoine Youssef Kamel, pela confiança depositada em mim para a escrita desta obra.

"Pouco conhecimento faz com que as pessoas se sintam orgulhosas. Muito conhecimento, que se sintam humildes. É assim que as espigas sem grãos erguem desdenhosamente a cabeça para o céu, enquanto as cheias a baixam para a terra, sua mãe."

Leonardo da Vinci

apresentação

Esta obra é dedicada a explorar os conceitos relacionados à estratégia, principalmente aqueles referentes ao contexto empresarial. Buscamos, desse modo, demonstrar a importância desses aspectos para o profissional de investigação profissional.

Inicialmente, no primeiro capítulo, veremos alguns conceitos e algumas práticas da estratégia, em especial os expostos na obra de Mintzberg et al. (2006). Para tanto, vamos descrever os princípios básicos da estratégia, os 5 Ps e a relação da estratégia com a mudança, no intuito de esclarecer para o investigador profissional a importância da estratégia na gestão e nas atividades profissionais.

Na sequência, no segundo capítulo, apresentaremos as principais características da análise de ambiente, tendo em vista elucidar as tendências no desenvolvimento de cenários futuros. Veremos como as informações podem fomentar a tomada de decisões, como se deve atuar para compreender os ambientes interno e externo e quais são os passos para entender uma condição futura.

No terceiro capítulo, abordaremos o papel do estrategista, com suas características e responsabilidades, para atingir os resultados propostos. Trataremos dos desafios aos quais esse profissional é submetido. Indicaremos seu papel na hierarquia das organizações e suas particularidades na estratégia, aspectos que influenciam a tomada de decisão e estão relacionados com a construção de organizações de aprendizado.

Depois, no quarto capítulo, elencaremos as ferramentas para a estratégia, mencionando algumas das principais no contexto empresarial. Vamos descrever seu funcionamento e relacionar cada uma aos modelos estratégicos. Enfocaremos as forças competitivas de Porter, a análise de ciclo de vida, a análise SWOT, a cadeia de valor de Porter, as estratégias genéricas e os conceitos e a aplicação do 5W2H. Há diversas outras ferramentas que podem ser adotadas no contexto estratégico, no entanto veremos as mais comumente utilizadas, justamente por sua facilidade de adaptação e pelo fato de auxiliarem na busca por informações para se definir a estratégia empresarial.

Já o quinto capítulo fará uma conexão com o conteúdo do capítulo anterior, ao abordar a análise de desempenho e demonstrar a relação entre planejado e realizado. Trataremos de elementos vitais para se obter um bom desempenho, como as características internas (ou próprias da organização). Veremos como a empresa pode gerar valor, interpretando as questões de raridade, imitabilidade e organização, e, assim, estabelecer meios para sustentar o desempenho e posicionar-se estrategicamente.

Por fim, o sexto capítulo apresentará considerações sobre a aplicação do conteúdo desta obra especificamente na investigação profissional, seja na gestão de organizações com essa finalidade, seja nas atividades de investigação propriamente ditas. As ferramentas para a estratégia serão descritas com suas particularidades e correlacionadas com o ciclo PDCA e a análise de desempenho, em seu uso específico no campo da investigação profissional.

como aproveitar ao máximo este livro

Empregamos nesta obra recursos que visam enriquecer seu aprendizado, facilitar a compreensão dos conteúdos e tornar a leitura mais dinâmica. Conheça a seguir cada uma dessas ferramentas e saiba como elas estão distribuídas no decorrer deste livro para bem aproveitá-las.

Conteúdos do capítulo:
Logo na abertura do capítulo, relacionamos os conteúdos que nele serão abordados.

Após o conteúdo deste capítulo, você será capaz de:
Antes de iniciarmos nossa abordagem, listamos as habilidades trabalhadas no capítulo e os conhecimentos que você assimilará no decorrer do texto.

Síntese

Ao final de cada capítulo, relacionamos as principais informações nele abordadas a fim de que você avalie as conclusões a que chegou, confirmando-as ou redefinindo-as.

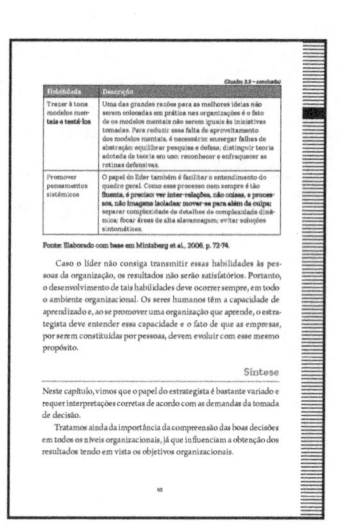

Estudo de caso

Nesta seção, relatamos situações reais ou fictícias que articulam a perspectiva teórica e o contexto prático da área de conhecimento ou do campo profissional em foco com o propósito de levá-lo a analisar tais problemáticas e a buscar soluções.

Para saber mais

Sugerimos a leitura de diferentes conteúdos digitais e impressos para que você aprofunde sua aprendizagem e siga buscando conhecimento.

Questões para revisão

Ao realizar estas atividades, você poderá rever os principais conceitos analisados. Ao final do livro, disponibilizamos as respostas às questões para a verificação de sua aprendizagem.

Questões para reflexão

Ao propor estas questões, pretendemos estimular sua reflexão crítica sobre temas que ampliam a discussão dos conteúdos tratados no capítulo, contemplando ideias e experiências que podem ser compartilhadas com seus pares.

introdução

O investigador profissional, em virtude das características de seu trabalho, já deve ser um estrategista, uma vez que deve procurar obter vantagem para a aquisição de informações. Assim, o intuito desta obra é ser uma referência para o pensamento estratégico e a tomada de decisões e permitir ao investigador profissional aprimorar os resultados de suas atividades cotidianas por meio de práticas que ampliem sua capacidade de planejamento e de controle de ações individuais ou de grupos.

Para tanto, adotamos como metodologia a exposição dos conceitos de um referencial bibliográfico sobre o tema *estratégia*, com ênfase no que é exposto por Mintzberg et al. (2006), bem como a descrição de exemplos e da aplicação de tais conceitos no contexto da investigação profissional.

Em todas as atividades humanas, sempre é importante definir claramente os objetivos a serem atingidos, para que seja possível direcionar as ações e obter o melhor retorno em relação aos esforços empenhados. Depois de os objetivos estarem claramente definidos, é preciso descrever as etapas a serem cumpridas para que eles sejam alcançados. É nesse momento que a estratégia se faz presente: na escolha das melhores práticas ou dos melhores caminhos para direcionar as ações.

Uma vez definidas as possibilidades de ação, ou caminhos estratégicos, é necessário executar as atividades de acordo com o planejamento, sempre adotando as linhas de base para a análise de desempenho, que corresponde ao confronto entre planejado e realizado, o que facilita o ajuste das ações para manter o direcionamento aos objetivos previamente estabelecidos.

No meio organizacional, a estratégia é vista também como um elemento integrador entre as áreas funcionais e as atividades relacionadas com o ambiente externo, correspondendo a uma busca intencional ou deliberada de um plano de ação que permitirá desenvolver e ajustar a vantagem competitiva (Montgomery; Porter, 1998).

Com a finalidade de gerar vantagens competitivas, o processo de administração estratégica corresponde a um conjunto de análises e escolhas que podem ajudar a organização a ampliar a probabilidade de adoção de uma boa estratégia (Barney; Hesterly, 2011, p. 4). Os autores propõem o modelo ilustrado a seguir para o processo de administração estratégica.

Figura A – Processo de administração estratégica

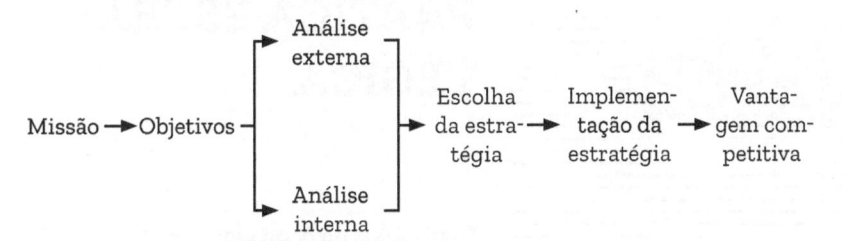

```
                    ┌ Análise  ┐
                    │ externa  │
                            Escolha      Implemen-    Vanta-
Missão → Objetivos ─┤       → da estra- → tação da  → gem com-
                            tégia        estratégia   petitiva
                    │ Análise  │
                    └ interna  ┘
```

Fonte: Barney e Hesterly, 2011, p. 4.

Portanto, esta obra busca enfatizar a importância de estabelecer claramente os objetivos para as ações antes de sua execução, considerando-se as possibilidades para sua realização e as alternativas a serem adotadas de acordo com as mudanças ou os riscos encontrados no caminho. Desse modo, visamos facilitar o planejamento e a execução das atividades do investigador profissional com o suporte de metodologias de fácil aplicação.

CONCEITOS DE ESTRATÉGIA E PRÁTICA ESTRATÉGICA

Conteúdos do capítulo:
- Noções de estratégia.
- A estratégia e os 5 Ps.
- Estratégia e mudança.
- A estratégia nas organizações.

Após o estudo deste capítulo, você será capaz de:
1. compreender um pouco mais do universo da estratégia, suas definições e possibilidade;.
2. distinguir a aplicação da estratégia em diferentes condições, compreendendo a importância dos conceitos para transformar uma situação futura segundo as decisões implantadas no presente.

1.1 A importância da estratégia

A palavra *estratégia* tem seu significado original vinculado ao comando ou ofício de um general e, ainda, à arte de planejar e coordenar operações militares (do latim, *strategia*; do grego, *strategía*). Nos tempos atuais, a estratégia está ligada aos meios desenvolvidos para se conseguir alguma coisa. Isso explica a relevância de compreender corretamente os conceitos e as características de sua aplicação para poder estabelecer objetivos e buscar meios para atingi-los.

O planejamento de atividades futuras é muito importante e envolve uma boa leitura das possibilidades, para que os esforços despendidos remetam os resultados aos objetivos previamente estipulados. Sempre que falamos em objetivos, estamos considerando um período futuro e, por isso, devemos lembrar que o ambiente no qual vivemos e atuamos é dinâmico, ou seja, está em constante transformação. Essa transformação faz com que, apesar de ser possível identificar tendências a situações futuras, persista certa incerteza sobre quando e como os fatos vão se realizar.

Dessa forma, as dificuldades para quem está tomando decisões, ou gerenciando para atingir objetivos, são bastante grandes, principalmente pelo fato de, com frequência, estarem presentes no cenário o risco e a incerteza, que, embora jamais possam ser totalmente anulados, devem ser entendidos ao máximo para que as decisões tenham o maior nível de acerto. Em sua análise sobre as organizações, Chiavenato (2004, p. 515) afirma que "a incerteza está na cabeça do seu administrador", o que é confirmado por Costa (2006), ao indicar que elas planejam no longo prazo de acordo com os modelos mentais de seus gestores. Isso explica a tendência de acreditar que o futuro será uma combinação das modificações simples do que ocorreu no passado.

O estrategista deve compreender corretamente as características de sua própria organização, mas também deve contar com todas as influências externas, pois estas originarão forças que podem alterar os resultados pretendidos, e é sobre elas que devem ser criadas alternativas para reorientar em direção dos objetivos estabelecidos. Nesse contexto organizacional, a **abordagem contingencial** (Chiavenato, 2004) apresenta sete tipos de fatores que influenciam diretamente as organizações quando se analisa o ambiente externo: tecnológicos, econômicos, culturais, políticos, legais, demográficos e ecológicos. Isso nos leva a perceber que o ambiente é influenciado por preços, mudanças tecnológicas, impostos, leis e, principalmente, pelo comportamento dos indivíduos.

A administração estratégica cumpre, então, o papel de adaptar os meios para o direcionamento aos objetivos, considerando que devem ser utilizados os resultados obtidos no passado para traçar tendências para o futuro, mas que isso por si só não é o suficiente. É necessário que o estrategista crie uma sistemática de aprendizagem, pois muitas coisas serão transformadas ao longo do tempo e, apesar de o histórico demonstrar aquilo que já se conhece e gerar a possibilidade de tendência, poderá também indicar a demanda por transformação e criação de novos meios para o sucesso e a sobrevivência.

Para compreender corretamente esses conceitos da administração estratégica, é importante saber inicialmente que há diferentes interpretações sobre seu significado. Por esse motivo, vamos descrever os 5 Ps da estratégia: plano, pretexto, padrão, posição e perspectiva. O entendimento de cada um deles amplia a visão sobre estratégia e evidencia as inter-relações entre as definições para que seja possível aplicar a estratégia em diferentes atividades. As estratégias permitem a obtenção de mudanças nos resultados, proporcionando o atingimento de padrões diferentes dos antes alcançados e ainda gerando vantagem competitiva e sustentabilidade aos negócios. Assim, é importante refletir sobre o processo estratégico e entender suas escolas e dimensões, a fim de poder utilizar diferentes meios que podem influenciar os resultados a serem alcançados.

1.2 A estratégia e os 5 Ps

O entendimento sobre a administração estratégica tem como referência conceitos diversos, que, quando aplicados, podem remeter a propósitos e resultados também distintos. Mintzberg et al. (2006) apresentam as várias formas como a palavra *estratégia* é empregada, as quais correspondem aos 5 Ps da estratégia: plano, pretexto, padrão, posição e perspectiva. O Quadro 1.1 explicita esse entendimento.

Quadro 1.1 – Os 5 Ps da estratégia

Conceito	Significado
Plano	Planejamento
Pretexto	Distração ou ameaça
Padrão	Análise de desempenho
Posição	Localização na estratégia
Perspectiva	Forma de ver o mundo

Fonte: Elaborado com base em Mintzberg et al., 2006.

Vejamos, na sequência, cada um dos Ps separadamente.

Plano

Talvez o modo mais fácil de compreensão da estratégia seja como plano, ou planejamento. É uma das definições mais comuns e está diretamente ligada ao conceito de que a estratégia é algo criado antes das ações, ou seja, primeiro entendemos e decidimos como vamos realizar algo para, posteriormente, desenvolvermos e aplicarmos as ações delineadas.

A estratégia é aplicada como plano em diferentes situações, e esse uso já vem desde muito antes dos exércitos da Antiguidade. No campo militar, a estratégia tem uma importância bastante grande, pois nessa área o que se busca é sair à frente do inimigo. Da mesma forma, a importância da estratégia se faz presente na administração, pois se definem planos amplos e integrados para atingir os objetivos das organizações.

Como mencionamos anteriormente, as empresas atuam em um ambiente dinâmico e competitivo, e é por isso que as estratégias estudadas no campo militar são comparáveis com as estratégias aplicadas nas tarefas do dia a dia. No momento em que se estabelece um objetivo, é preciso entender quais são os caminhos para atingi-lo. Note que estamos falando no plural, *caminhos*, pelo fato de sempre existir mais de uma opção. Isso dificulta a escolha do que fazer nesse ambiente competitivo, pois demanda a adoção de medidas alternativas dos gestores, que possam transformar os resultados organizacionais de acordo com as ações adotadas pelos demais atores do ambiente.

Por essa complexidade do ambiente e tendo em vista o propósito de manter a vantagem competitiva, o plano é a ferramenta que indica que a empresa está se preparando para aquilo que posteriormente será tido como ação, sempre com flexibilidade suficiente para desviar dos riscos que podem surgir.

Pretexto

Aqui também se considera a estratégia como plano, porém esse plano é parte da manobra para atingir um objetivo real, ou seja, um processo de direcionamento de esforços com o intuito de distrair ou ameaçar o concorrente, para assim obter vantagem sobre aquilo que se conhece ou que o concorrente desconhece.

O pretexto pode ser exemplificado com uma empresa que ameaça expandir sua capacidade de produção como forma de desencorajar um concorrente a construir uma nova fábrica (Mintzberg et al., 2006). Logo, essa definição difere do plano anteriormente descrito, pois o foco não está no que será realizado pelo estrategista, mas na tentativa de mudar o plano de ação de outros atores do ambiente.

Padrão

Entendida como padrão, a estratégia é vista como uma linha para a análise do desempenho daquilo que é realizado em comparação com o que foi proposto, pois se considera que, se foi planejado, há a possibilidade de atingir os objetivos definidos. Dessa forma, o comportamento resultante é decorrente da adoção da estratégia ou do padrão de ação.

Portanto, quando a estratégia é aplicada como padrão, a empresa executa ações que padronizam suas atividades, seus produtos e/ou seus serviços. Podemos exemplificar essa situação com uma empresa que escolhe produzir um único modelo de seu produto para reduzir custos produtivos e, com isso, ampliar seus resultados.

Na prática, esse conceito evidencia que os estrategistas, por vezes, buscam formas convencionais ou padrão de agir. Eles chamam tais formas de *estratégia*, pois planejam nesse universo, o que pode ser um pouco limitado, mas pode, sim, conduzir a empresa em direção aos objetivos estipulados.

Podemos perceber uma diferença bastante grande entre a estratégia aplicada como plano e a aplicada como padrão: os planos podem não ser realizados; já os padrões podem aparecer sem um planejamento prévio. Não podemos, neste momento, defender qual das definições seria mais adequada, pois precisamos de muitos argumentos a mais para conseguir fazê-lo, mas podemos concluir que o plano seria algo pretendido, enquanto o padrão seria algo que vem sendo realizado.

Ainda que os detalhes possam fazer parte de algo importante para a estratégia, há uma separação de conceitos. A estratégia é utilizada, desde as aplicações militares, para aspectos importantes da gestão, e não para detalhes. Henry Ford perdeu a guerra contra a General Motors por ter optado por padronizar, ou seja, não utilizar cores diferentes da preta para a pintura dos veículos, indo contra aquilo que era praticado no mercado. Esse era apenas um detalhe, porém teve um efeito devastador nos negócios (Mintzberg et al., 2006).

Também é fundamental considerar que, para cada empresa ou situação, as informações provocam um efeito diferente, que varia no que se refere aos detalhes. Portanto, podemos nos referir a algo como "mais estratégico" ou "menos estratégico" no mesmo contexto em que o tratamos como "mais importante" ou "menos importante".

Posição

A localização ou o posicionamento demonstra a estratégia da empresa no ambiente em que ela está inserida. Essa decisão pode indicar que a empresa está tanto competindo como cooperando com outras no mercado. Logo, define bem qual é sua posição no "jogo" da estratégia conforme o ambiente externo.

Esse conceito está diretamente ligado à criação ou não de alianças com fornecedores, clientes e até mesmo possíveis concorrentes. Estabelece como os recursos à disposição da empresa devem ser organizados para competir no mercado e superar a concorrência.

Entre os diversos modelos de estratégia como posição que possibilitam um tratamento político, ou seja, que visam desviar do confronto competitivo, o qual acaba por desgastar as empresas, destacam-se as fusões empresariais (quando duas organizações se tornam uma) e as *joint ventures* (quando duas organizações se unem para criar uma terceira organização).

Perspectiva

A perspectiva relaciona-se ao modo como se analisa determinada situação ou determinado objeto. Nesse conceito, olha-se para dentro da organização e, principalmente, para as pessoas dos estrategistas, criando-se uma maneira fixa de olhar o mundo. Os estrategistas desenvolvem conceitos e marcas que duram ao longo do tempo, embasados em estudos sobre como entender pensamentos coletivos. Com o entendimento, passam a ter influência sobre esses pensamentos.

Para compreender melhor a visão de cada P da estratégia, é importante buscar uma correlação entre as definições apresentadas, pois, de modo geral, segundo Lapierre (1980, citado por Mintzberg et al., 2006, p. 27), estratégias são "sonhos em busca da realidade", ou seja, são a busca por meios para realizar aquilo que se define como objetivo.

Logo, quando se assume claramente a ideia de que se está indo atrás do objetivo da organização, ou de seus idealizadores, é possível considerar que todas as definições estão correlacionadas, mesmo que façam a empresa olhar o caminho até o objetivo sob aspectos diferentes. Apenas é necessário ter cuidado para usar corretamente as estratégias, com o intuito de atingir com eficácia os resultados esperados.

Cada conceito isolado pode também não fazer total sentido para os estrategistas, por isso defende-se a importância de mesclar essas definições para possibilitar a tomada de decisão. Mintzberg et al. (2006) definem que nem todo plano vira padrão, nem todo padrão é realizado como planejado, alguns pretextos são menos que posições, algumas estratégias são mais do que posições ou menos do que perspectivas, e assim por diante.

1.3 Estratégia e mudanças

Antes de abordarmos o assunto desta seção, precisamos esclarecer mais algumas definições conceituais. *Estratégia* não é a única palavra que apresenta múltiplas interpretações no contexto das decisões organizacionais. Os termos *objetivos, metas, políticas* e *programas* também têm diferentes significados e devem ser entendidos corretamente e analisados cuidadosamente pelos estrategistas, pois podem trazer resultados variados.

Em sua aplicação, a **estratégia** deve auxiliar a decisão e a alocação dos recursos, permitindo um direcionamento único em relação aos objetivos. Também deve contemplar a previsão dos riscos e o planejamento da contingência (plano B) para os casos em que possam ocorrer mudanças programadas (aquelas que são de alguma forma previsíveis ou mensuráveis).

Os **objetivos** são também descritos como **metas** e correspondem àquilo que se quer atingir, principalmente em relação ao fator *tempo*. Com a definição do tempo (prazo), é possível medir a eficácia das estratégias adotadas. É importante lembrar que um planejamento sempre deve ter um objetivo maior (geral) e vários objetivos menores (específicos), os quais devem estar conectados para atender ao objetivo maior.

Já as **políticas** definem os limites ou as regras segundo as quais as ações devem ocorrer, para que não haja conflito em razão dos diferentes objetivos que foram estipulados. Para definir as sequências de ação passo a passo, existem os **programas**, que surgem para assegurar que os recursos sejam organizados a fim de atingir as metas, mediante a criação de meios para o acompanhamento constante do progresso rumo aos objetivos.

As decisões estratégicas são, portanto, aquelas que orientam o alcance de um objetivo, em meio às situações previsíveis e imprevisíveis que ocorrem no ambiente em que é feita a tomada de decisão. Podemos inferir que se trata de um ambiente dinâmico, no qual estão acontecendo mudanças, e que as ações são delimitadas de acordo com as modificações desse ambiente. Isso corresponde ao processo de modelagem, que vai direcionar as metas e adaptar as ações conforme as condições do ambiente.

As estratégias são muito comentadas no nível corporativo das organizações (alta gestão), mas não se limitam a a ele, sendo também frequentemente adotadas nos níveis de departamentos ou de operações. Por isso, precisamos elucidar melhor a diferença entre *estratégia* e *tática*, diferença esta que reside principalmente na escala, ou seja, no tamanho que a ação representa na perspectiva de quem é o responsável por ela.

As **táticas** podem ocorrer em qualquer nível da organização e estão voltadas à ação/interação de curta duração. São adotadas, portanto, **de acordo com as estratégias** definidas para o atendimento das metas. Em uma combinação, estratégia e tática promovem o alcance dos objetivos, logo devem estar ligadas e alinhadas de modo a se adaptarem às condições do ambiente e permitirem a correção de rota rumo às metas estabelecidas. A avaliação de desempenho precisa estar presente, para comprovar que o que foi estipulado realmente está conduzindo a situação na direção daquilo que se pretende.

Como o ambiente é dinâmico, as estratégias não podem ser estáticas e, assim, devem ser constantemente revisadas. As correções de estratégia devem ser realizadas sempre que necessário.

Embora a tecnologia tenha modificado substancialmente alguns processos estratégicos com o passar do tempo, podemos considerar tais mudanças apenas adaptações de conceitos utilizados desde a Pré-História. Mintzberg et al. (2006), ao analisarem o que foi proposto por alguns nomes famosos (como Sun Tzu em 1963, Maquiavel em 1950 e Napoleão em 1940), apresentam evidências de que, ainda que os objetivos estratégicos fossem distintos, há similaridade de aplicação.

A formalização das estratégias no ambiente organizacional demonstra que a cientificidade aplicada com a evolução tecnológica permite uma atuação com suporte em mais critérios e regras, trazendo a possibilidade de medição de desempenho entre questões previstas e realizadas e facilitando a competição no campo de atuação da empresa.

Ademais, uma das grandes buscas das organizações é compreender o ser humano em sua atuação social, entendendo como reagem a estímulos e buscando meios e técnicas que possibilitem motivar e obter melhores resultados. Os modelos formais de gestão da atualidade são propostos considerando-se esse modo de atuação dos indivíduos.

Além dos seres humanos, também é preciso conhecer o campo de batalha, ou seja, o território no qual a organização deve atuar, com suas particularidades para o posicionamento geográfico das estratégias conforme a logística e os movimentos necessários para a ação. É fundamental saber ainda como estão concentradas as regiões de atuação, com as características de domínio.

O conhecimento desses elementos permite estabelecer objetivos claros e bem definidos para os quais as estratégias serão analisadas, delimitando a ação e impulsionando a organização para resultados futuros que estejam de acordo com o que é desejado por aqueles que a estão conduzindo. As estratégias, desse modo, devem dar o direcionamento para atingir os objetivos, buscando-se compreender os riscos, desviar deles e minimizar esforços e gastos.

As estratégias são, portanto, um planejamento flexível. Não se espera a determinação de um único caminho para a realização de algo, colocando-se barreiras ao processo decisório, e sim o estabelecimento de um conjunto de ações a serem ajustadas de acordo com as demandas e as modificações do ambiente, ao longo da trajetória rumo ao alcance das metas.

Dessa forma, podemos notar que estabelecer metas é importante para a formulação da estratégia. Três elementos básicos compõem a dimensão da estratégia: metas ou objetivos; políticas e ações; programas ou sequências de ações. O primeiro elemento, metas ou objetivos, deve ser utilizado em conjunto com o segundo, políticas, as quais serão estabelecidas pelos estrategistas para orientar ou delimitar as ações. O terceiro elemento, programas ou sequências de ações, auxilia na obtenção das metas conforme o que foi proposto e planejado.

Para que as estratégias sejam eficazes, resultando naquilo que delas é esperado, é necessário que tenham foco em seu contexto de metas, coesão entre si e com os objetivos propostos e equilíbrio para não gerar tendências diferentes do que se está esperando. É importante lembrar que estamos falando em olhar além do que é previsível, buscando-se entender situações desconhecidas, para as quais serão preparadas ações contingenciais. É justamente isso que caracteriza o pensamento estratégico, uma vez que são decisões previamente definidas a serem adotadas de acordo com as mudanças nas condições de atuação.

No ambiente interno da organização, as estratégias devem ter suas dimensões relacionadas com cada nível hierárquico. Para todos os níveis, deve haver coerência na relação entre as estratégias, pois, embora cada uma tenha características próprias, uma estratégia deve apoiar a outra, a fim de obter os resultados propostos pelo conjunto organizacional. Testar as estratégias permite verificar se tais relações foram estabelecidas corretamente, mesmo que os testes só sejam possíveis por meio de discussões entre os envolvidos.

Não há regras claras e bem determinadas para o estabelecimento do conjunto de estratégias, e isso se torna mais evidente quando lembramos que elas são organizadas para a atuação com o desconhecido. O cenário influencia os resultados, uma vez que os outros participantes, competidores ou não, também modificam esse mesmo cenário. Por isso, o processo estratégico é exclusivo e vale apenas para o momento para o qual foi estabelecido. Desse modo, não se deve considerar a repetição das estratégias em novas atuações.

A avaliação dos resultados da estratégia com vistas à compreensão de sua efetividade demanda critérios como "clareza, impacto motivacional, consistência interna, compatibilidade com o ambiente, adequação à luz dos recursos, grau de risco, combinação dos valores pessoais com os principais números, horizonte de tempo e funcionalidade" (Mintzberg et al., 2006, p. 33).

A construção de estratégias eficazes também requer a observância de outros fatores, descritos no Quadro 1.2.

Quadro 1.2 – Fatores para a construção de estratégias

Fator	Descrição
Objetivos claros e decisivos	É preciso ter certeza de que o que está sendo proposto pode ser compreendido e é atingível.
Manter a iniciativa	É necessário buscar meios para que a liberdade de ação seja preservada para que haja engajamento e comprometimento, motivando a realização das tarefas.
Concentração	É importante compreender se a estratégia está concentrando poder superior para a realização do que foi proposto.
Flexibilidade	A estratégia não deve ser completamente rígida ou engessada, pois isso pode prejudicar o resultado proposto quando ocorrerem mudanças situacionais. Ela precisa dar a direção considerando-se as correções de curso.
Liderança coordenada e comprometida	Para o sucesso das estratégias, deve haver o comprometimento da equipe, não apenas a aceitação. A liderança deve motivar o grupo na busca do objetivo. Essa motivação demanda o entendimento dos propósitos estratégicos e o envolvimento de todos de maneira coordenada.
Surpresa	Sair à frente do concorrente é um ponto estratégico fundamental. É necessário combinar velocidade, inteligência e até mesmo segredo, para surpreender o oponente.
Segurança	É preciso assegurar meios para que os recursos estejam disponíveis, de modo que a informação seja desenvolvida e aplicada para salvaguardar o desempenho e, ainda, as condições logísticas sejam promovidas.

Fonte: Elaborado com base em Mintzberg et al., 2006, p. 33-34.

Ao estabelecer um conjunto estratégico, o que se espera é o alcance dos objetivos ou das metas da organização por meio de mudanças. Para isso, validar o processo estratégico é importante, pois essa ação permite compreender se, de fato, os esforços estão adequados para a obtenção dos resultados almejados.

1.4 A estratégia nas organizações

Tendo discutido o contexto, o ambiente e as aplicações da estratégia, é importante agora refletir um pouco sobre sua relação com os resultados organizacionais, ou seja, com a promoção da eficácia operacional, da vantagem competitiva e da sustentabilidade. Sabemos que as organizações precisam ser flexíveis para responder rapidamente às mudanças que o ambiente apresenta, mantendo sua competitividade. O atendimento a esses objetivos demanda não apenas que estes sejam entendidos em suas partes menores, mas também que sejam estabelecidos critérios constantes para o acompanhamento do desempenho organizacional.

Um exemplo de prática estratégica adotada pelas organizações é a terceirização, que ajuda os gestores a manter o foco em suas atividades principais enquanto as empresas terceirizadas mantêm o foco em suas respectivas atividades, gerando ganho de eficiência para cada uma das partes.

Em muitos casos, o processo da estratégia acabou sendo substituído pelos processos de **eficácia operacional**: "A busca por produtividade, qualidade e velocidade gerou um grande número de ferramentas e técnicas gerenciais importantes: gerenciamento com qualidade total, avaliação de desempenho, competição baseada em tempo, terceirização, parcerias, reengenharia, mudança gerencial " (Mintzberg et al., 2006, p. 35). As ferramentas que se destinam à obtenção da eficácia operacional são extremamente importantes, inclusive para medir o desempenho dos processos da estratégia, mas os processos de eficácia operacional e de estratégia são muito distintos; trata-se de processos complementares, e não excludentes.

Cabe observar que a eficácia operacional inclui a entrega de maior eficiência, o que resulta em custos unitários médios mais baixos. Outra opção para obter um bom desempenho é entregar valor maior aos clientes, o que permite a prática de preços mais altos.

Quando se pensa em conquistar vantagem competitiva, é preciso analisar todas as atividades da empresa, pois as diferenças entre custos dependem de todas essas atividades, que envolvem criar, produzir, vender e entregar os produtos, o que abrange o contato com clientes, a montagem, o treinamento de funcionários e todas as outras atividades.

No contexto geral, a eficácia operacional remete somente ao desempenho das atividades, ou seja, ao melhor aproveitamento dos recursos, seja produzindo mais, seja produzindo melhor. Isso influencia bastante as organizações, pois os resultados são totalmente diferentes, gerando uma lucratividade também muito distinta.

Algo importante nesse modelo é o fato de que a organização busca aproveitar melhor seus recursos e reduzir as falhas; portanto, a eficácia operacional é extremamente necessária, porém não é suficiente, pois a empresa deve buscar meios para se sobressair e se destacar no mercado. Quando as organizações fazem avaliações de desempenho e criam padrões utilizados pelo mercado, elas se tornam mais parecidas entre si. A terceirização também tem essa característica de padronização e equivalência e, assim, as empresas acabam percorrendo caminhos idênticos.

A **estratégia**, por sua vez, baseia-se em atividades únicas, isto é, ser diferente, entregar um conjunto único de valores. Isso gera uma definição de posicionamento, que deve fugir do padrão que as demais empresas estão adotando para suas ações e para os valores que entregam ou pretendem entregar a seus clientes.

As **posições estratégicas** têm três origens distintas, mas que podem ser usadas em conjunto:

1. posicionamento baseado em variedade, que diz respeito à escolha dos produtos e serviços que serão ofertados;
2. posicionamento baseado em necessidade, que visa atender às necessidades específicas de um grupo;
3. posicionamento baseado em acesso, que está relacionado a questões geográficas do cliente.

Com isso, observamos três diferentes meios de definir a posição estratégica. A combinação de mais de um desses itens e a criação de uma posição estratégica correspondem justamente à criação de um valor único por meio dessas diferentes possibilidades.

A sustentabilidade da organização ao longo do tempo demanda uma estratégia que permita a continuidade das ações propostas, bem como das referências que a empresa tem no mercado. Nesse caso, é necessário haver o intercâmbios de posições estratégicas, combinando-se ações para preservar a reputação no mercado sem gerar a ideia de falta de constância ou de credibilidade. Os intercâmbios geram a necessidade de escolher e limitar propositalmente o que será ofertado pela organização e também eliminam a possibilidade de indecisão que surge pelas próprias atividades ou pelos limites em coordenação e controles internos. Na tentativa de competir em dois setores diferentes, como baixo custo e serviços completos, a empresa acaba se descaracterizando e, com isso, não satisfaz adequadamente a uma parte dos clientes.

Portanto, ampliamos a resposta sobre o que é estratégia: realizar intercâmbios ao competir ou, ainda, escolher o que não será feito pela organização. Por meio desses intercâmbios, devem ocorrer ajustes, para que as atividades reforcem umas às outras, impossibilitando que a rede de estratégias adotadas seja imitada por outras organizações e criando vantagem competitiva. O Quadro 1.3 apresenta os conceitos de três tipos de ajuste, que podem ser aplicados simultânea ou individualmente.

Quadro 1.3 – Tipos de ajustes estratégicos

Ajuste	Descrição
Primeiro: consistência simples entre cada atividade e a estratégia global	Por meio desse ajuste, é possível permitir que as vantagens sejam acumuladas, sem desgaste ou anulação, tornando o processo único e completo.
Segundo: reforço das atividades	A organização deve validar se todos os esforços estão alinhados de forma enfática e clara a uma única condição.
Terceiro: otimização do esforço	Trata-se da busca por reduzir os esforços para atender às demandas principais da organização, ajustando-se as estratégias para o melhor aproveitamento de algo que realiza.

Fonte: Elaborado com base em Mintzberg et al., 2006, p. 38.

Portanto, temos aqui uma informação comum e importante: o fato de que as atividades em sistema representam muito mais valor competitivo do que as atividades individuais. Quando se realizam os ajustes, potencializa-se o resultado sistêmico, reduzindo custos e aumentando a diferenciação, gerando vantagem competitiva.

A sustentabilidade da vantagem competitiva, por sua vez, surge por meio dos ajustes estratégicos, visto que eles dificultam a cópia dos processos por outras organizações. Copiar um item isolado é muito mais simples do que imitar uma série de atividades interligadas, por isso posições baseadas em sistemas de atividades são consideradas mais sustentáveis do que as baseadas em atividades individuais.

Por fim, tendo em vista o que discutimos, podemos afirmar que estratégia é fazer ajustes entre as atividades de uma empresa, criando-se um modelo sistêmico que permita a sustentabilidade.

Síntese

Nossa abordagem inicial neste primeiro capítulo procurou demonstrar que o conceito de estratégia é bastante amplo, havendo até mesmo diferentes definições referentes à sua aplicação. Vimos que é importante que o gestor entenda que a tomada de decisão está atrelada à compreensão desses conceitos e ao posicionamento estratégico que está sendo adotado, para que os esforços sejam mais bem aproveitados.

Além disso, o responsável pela estratégia organizacional deve ter em mente que se está buscando algo futuro e que os esforços devem ser coordenados para que os objetivos sejam alcançados. Também deve visualizar a demanda por transformar, ou provocar mudança, nas questões situacionais, a fim de que os resultados sejam ampliados.

Estudo de caso

Ao assumir a gestão de uma empresa familiar de investigações profissionais que também prestava consultoria em segurança, com venda e instalação de câmeras de segurança e sensores de presença, Nestor procurou compreender a origem das dificuldades enfrentadas pela organização, pois seus resultados não se mostravam positivos há diversos meses, depois que um cliente tradicional encerrou suas atividades com a empresa.

Mesmo com o investimento na diversificação dos serviços ao longo dos períodos seguintes ao encerramento daquele contrato, os volumes não estavam justificando os custos obtidos. No entanto, isso somente era constatado após o fechamento de cada resultado financeiro mensal.

Nestor percebeu, após breve análise, que a empresa não tinha foco nem planejamento; apenas tentava atingir um patamar mais alto para reduzir seu prejuízo. Os resultados persistiam sem gerar lucratividade, já que os custos estavam elevados.

> Com uma análise do mercado e de alguns focos potenciais de serviços, Nestor fez um planejamento para a organização especializar-se na área empresarial e, embora não tenha descontinuado a oferta de soluções para outros casos, concentrou esforços na divulgação desse novo foco. Além disso, estabeleceu critérios para treinar e aperfeiçoar os investigadores, procurando especializá-los para reduzir os custos operacionais.
>
> Agora, mensalmente os resultados são analisados com base nesse planejamento, e as demandas de mercado são constantemente verificadas para realizar ajustes no portfólio caso isso seja necessário.

Para saber mais

ALBINO, J. C. de A.; GONÇALVES, C. A. Estratégia como prática: uma proposta de síntese? In: ENCONTRO DA ANPAD, 32., 2008, Rio de Janeiro. Disponível em: <http://www.anpad.org.br/admin/pdf/ESO-A1237.pdf>. Acesso em: 16 abr. 2020.

Que tal ler um pouco mais sobre a prática da estratégia? O artigo sugerido propõe uma síntese da estratégia como prática, discutindo modelos e teorias, além das contribuições metodológicas para o uso da estratégia em mercados competitivos.

Questões para revisão

1. Um dos elementos fundamentais para os resultados organizações é o estabelecimento claro de objetivos, que também são descritos como metas. Explique como o tempo influencia a definição dos objetivos organizacionais.

2. As estratégias direcionam ao atendimento dos objetivos estabelecidos, e o planejamento organizacional deve buscar atingir esses objetivos sob uma condição de desempenho. Explique por que o contexto estratégico apresenta a escolha não de uma, mas de um conjunto de estratégias que conduzirão ao alcance dos objetivos propostos.

3. Tendo em vista que as estratégias precisam ser flexíveis para atender às modificações que ocorrem no mercado, o qual é dinâmico, existe a necessidade de compreender elementos externos à organização, que devem motivar a busca por informações sobre tendências para a construção de cenários futuros. São externos à organização os fatores:
    a) demográficos, documentais, territoriais, produtivos, financeiros e econômicos.
    b) ecológicos, econômicos, produtivos, legais, culturais, demográficos e territoriais.
    c) políticos, legais, demográficos, humanos, documentais, tecnológicos e patrimoniais.
    d) humanos, econômicos, ecológicos, financeiros, culturais, produtivos e documentais.
    e) tecnológicos, econômicos, culturais, políticos, legais, culturais, demográficos e ecológicos.

4. Ao contextualizarem a estratégia, Mintzberg et al. (2006) apresentam os 5 Ps, que representam formas diferentes de interpretação e aplicação dos modelos estratégicos. Qual dos Ps da estratégia corresponde a uma linha de base para a análise de desempenho?
    a) Plano.
    b) Pretexto.
    c) Padrão.
    d) Posição.
    e) Perspectiva.

5. O ambiente dinâmico em que as organizações estão inseridas requer um planejamento estratégico, com ações que permitam ajustar o planejamento e as ações em direção aos objetivos e às metas da organização, em meio às transformações que ocorrem. Esse ambiente dinâmico e suas transformações fazem com que ocorram:
a) prejuízos.
b) desvantagens.
c) tendências.
d) incertezas.
e) cenários.

Questões para reflexão

1. As estratégias são elaboradas para que a empresa possa ter vantagem competitiva na atuação em um ambiente dinâmico, no qual está presente a incerteza. Isso quer dizer que não é possível saber com precisão quais direcionamentos realmente ocorrerão no mercado. Sun Tzu, no livro *A arte da guerra*, apresenta a metáfora de um campo de batalha para caracterizar as estratégias. Reflita por que motivo as estratégias organizacionais são comparadas às estratégias de guerra.

2. Os 5 Ps da estratégia (plano, pretexto, padrão, posição e perspectiva) correspondem a meios diferentes de pensar sobre a estratégia no meio organizacional. Compare essas cinco diferentes formas de aplicação da estratégia e indique as ligações existentes entre elas.

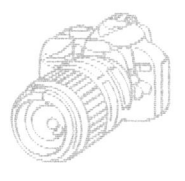

ANÁLISE DE AMBIENTES

Conteúdos do capítulo:
- Análise do ambiente interno.
- Análise do ambiente externo.
- Tendências e possibilidades futuras.
- Elaboração de cenários.

Após o estudo deste capítulo, você será capaz de:
1. analisar os ambientes interno e externo da organização ou do negócio para o qual as estratégias devem ser elaborada;.
2. compreender a importância de dispor de dados imparciais e que contemplem o maior número de variávei;.
3. estabelecer relações entre passado e futuro, analisando as tendências e descrevendo cenários, que vão dar uma visão mais clara do ambiente para a atuação organizacional.

2.1 Análise do ambiente interno

O ambiente interno de uma organização tem algumas características importantes que devem ser pesquisadas. Pare para pensar: conhecer o ambiente interno de uma empresa corresponde ao autoconhecimento de um indivíduo. Basicamente, trata-se de conhecer os elementos que proporcionam forças, ou pontos positivos, que podem contribuir para desenvolver algo, e fraquezas, ou pontos negativos, que podem de alguma forma limitar a atuação.

Em uma empresa, os pontos positivos e negativos podem estar atrelados, por exemplo, à detenção ou não de determinado conhecimento ou tecnologia, à expressividade que a marca tem no mercado ou a elementos que, comparativamente, acarretem diferenças na forma de atuação da empresa.

Podemos ainda comparar a análise do ambiente interno com o conhecimento sobre aspectos específicos de um indivíduo, que pode ter recursos, informações ou características que beneficiem ou prejudiquem a atuação em determinado contexto. No caso específico da investigação profissional, se um indivíduo tem, por exemplo, acesso a uma informação (imagem, senha, documentos etc.), isso pode ser um ponto positivo; já a ausência desse acesso (se é uma característica particular dessa pessoa) pode ser um ponto negativo.

Inúmeras vezes, procuramos enaltecer nossos pontos positivos – e por diversas vezes eles não representam de fato uma vantagem em relação a outros atores com os quais interagimos. De igual forma, é comum não reconhecermos nossas próprias fraquezas e, desse modo, obtemos resultados piores do que os esperados.

O diagnóstico sobre o ambiente interno é, portanto, um desafio bastante grande, que pode apresentar melhores resultados quando se consultam elementos externos, os quais podem indicar, de forma imparcial, aquilo que está presente no contexto de atuação.

2.2 Análise do ambiente externo

A análise do ambiente externo é bastante diferente da análise do ambiente interno. Neste último caso, conta-se com o domínio e o controle sobre as informações, mas pode haver também a tendência a não enxergar corretamente algumas dessas informações. Já no primeiro, relativo ao ambiente externo, não se dominam as variáveis e acaba, muitas vezes, não existindo precisão em relação aos dados que precisam ser compreendidos.

É extremamente importante compreender o contexto da situação em análise para que seja possível reconhecer todos os fatores que podem impactar a tomada de decisão. Uma vez identificados, é preciso entender se são fatores variáveis ou fatores predeterminados.

Os **fatores variáveis** são aqueles que apresentam séries históricas, as quais possibilitam compreender sua evolução (positiva ou negativa). O ideal é que as séries históricas sejam monitoradas por órgãos competentes, para que assumam parâmetros que garantam sua veracidade e sua acurácia. Como exemplos de fatores variáveis, podemos mencionar dados tabulados pelo Instituto Brasileiro de Geografia e Estatística (IBGE), pela Fundação Getulio Vargas (FGV), pelo Banco Central do Brasil (Bacen) e por outras entidades. Normalmente, os dados divulgados por essas instituições mostram a evolução ao longo do tempo para o Índice de Desenvolvimento Humano (IDH), a inflação, o câmbio, a renda *per capita*, o envelhecimento da população, o crescimento populacional, a taxa de natalidade, entre outros.

Já os **fatores predeterminados** são aqueles que não apresentam séries históricas, mas permitem identificar condições possíveis de ocorrência, com a finalidade de compreender os extremos possíveis. Podemos, por exemplo, citar uma situação que pode passar a ser regida por uma lei, devendo-se considerar, a partir disso, três condições de tendência futura: nenhuma lei será estabelecida no período analisado;

a lei será aplicada de forma parcial; a lei vai mudar totalmente a forma de ser do objeto de estudo.

Para abordarmos essa situação de forma prática, considere uma fabricante de bebidas alcoólicas antes do início da Lei Seca, que hoje proíbe que alguém dirija depois de ingerir bebida alcoólica. Àquela época, a empresa, a fim de tomar suas decisões para uma atuação estratégica, devia considerar as seguintes condições como fatores predeterminados: 1) nenhuma nova lei será aprovada; 2) será aprovada uma lei parcial, que prevê determinadas condições e tolerâncias para a combinação de bebida com direção; 3) será aprovada uma lei severa, que vai punir gravemente os condutores embriagados. Note que as três determinações são bastante distintas e podem constituir um contexto otimista, pessimista ou mediano, alterando a forma de atuação da empresa.

Independentemente de se tratar de uma organização ou de qualquer outro objeto que demande a tomada de decisão em ambientes com diversos fatores que se modificam ao longo do tempo, é necessário aplicar esses conceitos para poder gerenciar corretamente a tomada de decisão.

2.3 Tendências e possibilidades futuras

A combinação de fatores variáveis com fatores predeterminados fornece a visão das possibilidades futuras por meio da criação de cenários, para permitir que um conjunto de decisões estratégicas garanta os resultados esperados com a atuação.

Os fatores variáveis se alteram ao longo do tempo, para mais ou para menos, e isso possibilita a aplicação de cálculos estatísticos para identificar tendências futuras para os valores. Sobre essa tendência calculada, é preciso analisar ainda a probabilidade da ocorrência, pois algumas situações podem acontecer de forma mais rápida ou mais lenta, de acordo com as movimentações políticas ou sociais. Como exemplo dessas movimentações, podemos citar a inflação, que, apesar de ser medida em séries históricas e possibilitar o cálculo estatístico para identificar a tendência, depende de determinados movimentos do governo, que podem indicar se o índice vai atingir níveis maiores ou menores do que os calculados.

Também é necessário acompanhar as origens da transformação dos fatores predeterminados, por isso alguns fatores do ambiente externo são comumente monitorados e apresentados na teoria como o acrônimo **PASTE**: fatores **políticos** (referentes à decisão política ou legal), fatores **ambientais** (do contexto da ecologia, da conservação ou do meio ambiente), fatores **sociais** (ou culturais, pois envolvem comportamento de grupos), fatores **tecnológicos** (decorrentes das mudanças e das possibilidades geradas pela tecnologia) e fatores **econômicos** (referentes à lógica de crescimento e desenvolvimento das possibilidades) (Chiavenato, 2004).

Na análise de ambiente para a estratégia, é importante compreender que há incerteza, ou seja, não existe como saber exatamente como modo as coisas vão ocorrer. Por esse motivo, devem ser considerados os três níveis (otimista, pessimista e mediano), para decidir por estratégias que possam transitar entre essas possibilidades, mas sempre mantendo um padrão de resultado esperado.

2.4 Elaboração de cenários

Após a identificação dos diversos elementos sobre o ambiente, é preciso pensar em cenários que permitam compreender melhor o contexto em que a organização atua ou atuará. Como já mencionamos, uma vez que o ambiente de atuação é dinâmico e está em constante mutação, devem ser traçados três contextos diferentes de cenário:

otimista, pessimista e neutro, para que assim se conheçam os limites de atuação.

No **cenário otimista**, é fundamental estar preparado para aproveitar todas as oportunidades presentes no ambiente, otimizando-se os resultados. No **cenário pessimista**, é necessário estar preparado para as piores condições, pois, se elas ocorrerem, haverá um plano de ação para evitar prejuízos ou perdas. Já no **cenário neutro**, trata-se de algo mais próximo de uma realidade em que existe uma condição regular para a atuação, ou seja, as coisas não ocorrem da forma mais perfeita, mas também não estão em seu pior momento.

É importante lembrar que o ambiente é dinâmico, portanto nenhum dos três cenários descreverá por completo a realidade que ocorrerá no mercado; porém, o conjunto dos três permite tomar as decisões que conduzirão aos objetivos inicialmente propostos.

Para descrever os cenários, devem ser considerados todos os fatores variáveis identificados como relevantes para o contexto no qual a organização atua, com seu valor calculado como tendência e seus extremos calculados para cima e para baixo, além dos fatores predeterminados, com suas três possibilidades de ocorrência. Com essas informações, deve ser elaborado um texto descritivo para cada cenário (um otimista, um neutro e um pessimista), com a contextualização de todos os fatores variáveis e predeterminados para cada caso.

Como exemplo, apresentamos o Quadro 2.1, que contém informações fictícias sobre fatores variáveis e predeterminados, calculados para o quarto ano após o ano atual.

Quadro 2.1 – Exemplos de dados de fatores variáveis e predeterminados

Fator	Tipo	Otimista	Mediano	Pessimista
Dólar	Variável	R$ 3,90	R$ 3,75	R$ 3,50
PIB	Variável	R$ 7,2 trilhões	R$ 6,9 trilhões	R$ 6,5 trilhões
Lei	Predeterminado	Aprovada lei que reduz impostos para exportação.	Os impostos para importação são mantidos na mesma condição vigente.	Aumenta a carga de impostos sobre exportação, com a aprovação de lei que libera nova taxa.

Com base nesse quadro, vamos descrever os cenários para daqui a quatro anos, no contexto de uma empresa exportadora de produtos, que, além de ser influenciada pelas mudanças na legislação, ainda obterá resultados diferentes de acordo com a variação cambial.

A seguir, vejamos a descrição do cenário otimista para 2024 (a quatro anos da publicação deste livro) com base nos dados do Quadro 2.1.

Cenário otimista

Agora que chegamos a 2024, percebemos que a evolução econômica foi bastante grande e que os resultados se mostram muito favoráveis ao investimento em diversas áreas em nosso país, ganhando considerável expressão nos incentivos à exportação.

A taxa cambial está controlada em um nível alto, o que melhora a precificação e o retorno em reais para os produtos de empresas exportadoras, gerando maiores dividendos e incentivando a produção industrial.

Essa condição, aliada ao desenvolvimento do país, está otimizando também os resultados nas transações do mercado interno, promovendo o crescimento do PIB e favorecendo as atividades comerciais.

As políticas públicas estão consolidando seu interesse em aumentar a participação das exportações na balança comercial, o que pode ser demonstrado com a aprovação de lei que desonera a tributação sobre os produtos exportados, uma demanda que há muito tempo vinha sendo pleiteada pelos exportadores.

Podemos observar que o texto é descritivo e nos remete a um tempo futuro, embora a narração seja no tempo presente, para dar uma ideia clara de como se chegou até aquele momento, o ano de 2024.

Agora, vejamos a descrição de um cenário neutro.

Cenário neutro

Já estamos em 2024 e não notamos uma evolução significativa em nossa economia. Os resultados dos últimos anos, ainda que estejam em crescimento, não são expressivos, o que é demonstrado tanto pelos resultados de alguns indicadores como principalmente pela ausência de ação do governo para aprovação de leis que incentivem a exportação.

A taxa cambial vem sendo mantida em um nível médio, que gera resultados positivos para as empresas exportadoras, mas não supera os ganhos pretendidos pelos investidores.

O PIB (Produto Interno Bruto) também demonstra a ausência das ações governamentais, e todos os setores do mercado estão atuando em uma condição de normalidade, sem expectativa de grandes crescimentos nos volumes vendidos.

A ausência da aprovação de lei que incentive as exportações é uma preocupação constante, uma vez que outras frentes defendem o aumento da tributação sobre a exportação. Essa omissão

> do governo faz com que os exportadores mantenham o ritmo de trabalho sem agressividade, já que o médio e o longo prazos podem apresentar condições muito distintas para a atuação.

Devemos notar que o texto faz referência a condições medianas, ou incertas, sobre o que está ocorrendo em 2024. O mercado está sendo mantido, mas não é tão interessante como no cenário otimista.

Por fim, vejamos a descrição de um cenário pessimista.

Cenário pessimista

O ano de 2024 não está sendo fácil. A economia continua em declínio, e os resultados para os exportadores não são nada satisfatórios.

A taxa cambial teve mais uma queda, o que não permite aos exportadores obter garantia de ganhos com a comercialização de seus produtos, gerando incerteza e baixo investimento no setor.

Para os exportadores, a atuação no mercado interno não é uma alternativa, uma vez que a redução no PIB demonstra a retração nesse mercado, acarretando uma tendência de queda nos preços.

Um agravante foi a aprovação de lei que liberou nova taxa que incidirá sobre as exportações, aumentando a carga de impostos e, com isso, tornando o país menos competitivo no mercado externo.

Com essas descrições, o decisor pode definir um posicionamento para os eventos ao longo do tempo futuro (por meio das previsões), o que permite obter uma visão mais ampla das possibilidades de atuação, sobretudo com o entendimento dos riscos e das demandas, para que os resultados possam ser otimizados.

Síntese

Neste capítulo, vimos que, para que boas decisões possam ser tomadas, é importante compreender o contexto de atuação da empresa, com suas oportunidades e ameaças.

Abordamos a identificação de informações sobre o ambiente interno, o que permite analisar melhor as forças e as fraquezas, ou seja, como os recursos próprios favorecem ou desfavorecem o contexto de atuação. Já em relação ao ambiente externo, vimos que devem ser analisadas todas as informações relevantes para a atuação, tanto do ambiente de tarefa (próximo à organização) quanto do ambiente geral (macroeconomia).

Desse modo, com a obtenção suficiente de dados, os gestores devem organizar as informações e procurar compreender as tendências futuras, para com isso fazer a descrição dos cenários otimista, neutro e pessimista, fornecendo uma visão acerca dos limites de atuação para o tomador de decisões.

Estudo de caso

Na investigação profissional, a atuação estratégica é muito similar à descrita ao discutirmos a estratégia organizacional. Para investigar um caso de fraude financeira em uma organização, o investigador profissional Pedro precisou buscar informações sobre o ambiente externo (padrões de atuação, documentos, comprovantes, demonstrativos, políticas, recursos etc.) e sobre o ambiente interno (forças e fraquezas da operação e da equipe de investigação). Nesse caso, os conceitos de interno e externo, apesar de parecerem diferentes, são os mesmo apresentados anteriormente, mas com o viés de que o interno refere-se ao executor e o externo ao contexto em que ele está atuando.

Se essas informações forem compreendidas corretamente, Pedro terá possibilidade de estabelecer estratégias para reduzir as barreiras que serão colocadas por possíveis infratores com o fim de mascarar o objeto da investigação.

Para saber mais

PORTAL EDUCAÇÃO. **Análises do ambiente interno e externo**. Disponível em: <https://www.portaleducacao.com.br/conteudo/artigos/administracao/analises-do-ambiente-interno-e-externo/62064>. Acesso em: 16 abr. 2020.
Que tal ler um pouco mais sobre as análises do ambiente interno e externo? Esse texto, disponível no Portal Educação, traz um resumo de aspectos interessantes sobre essas análises.

WERNER, A.; SEGRE, L. M. Uma análise do segmento de supermercados: estratégias, tecnologias e emprego. **Boletim Técnico do Senac**, v. 28, n. 1, p. 46-56, 2018. Disponível em: <http://bts.senac.br/index.php/bts/article/view/549>. Acesso em: 16 abr. 2020.
Nesse boletim técnico, você poderá verificar uma análise prática de ambientes realizada com o segmento de supermercados. O documento demonstra estratégias e tecnologias, entre outros aspectos, proporcionando um melhor entendimento dos elementos teóricos estudados no capítulo.

Questões para revisão

1. Ao elaborar cenários, é importante compreender os fatores variáveis e predeterminados que podem influenciar no ambiente externo em que a organização vai atuar e também avaliar as tendências futuras para o contexto desses fatores. Por que se devem elaborar três cenários – otimista, pessimista e neutro?

2. A atuação das empresas depende tanto de fatores internos como de fatores externos, pois esses elementos vão influenciar nos resultados com a possibilidade de aproveitamento de oportunidades ou não. Qual é a importância da análise do ambiente interno da organização?

3. A elaboração de cenários prevê três descrições: otimista, neutra e pessimista. Qual é a importância da descrição do cenário otimista?
   a) Compreender as oportunidades que podem ser aproveitadas pela empresa.
   b) Ser mais cauteloso nas decisões estratégicas.
   c) Aumentar o investimento de terceiros.
   d) Buscar mais recursos de investidores.
   e) Desviar a atenção dos concorrentes.

4. Para a análise de ambiente externo e posterior desenvolvimento de tendências e elaboração de cenários, devem ser identificados alguns fatores relevantes para o negócio em questão. Há dois tipos de fatores que devem ser considerados: um deles apresenta séries históricas, e o outro, por não ter uma relação com o passado, é desenvolvido com base nas possibilidades futuras. Quais são os fatores que não apresentam séries históricas?
   a) Fatores variáveis.
   b) Fatores predeterminados.

c) Fatores intermediários.
d) Fatores projetados.
e) Fatores condicionais.

5. Para a análise de tendências futuras e a elaboração de cenários, os diferentes fatores que podem influenciar nos resultados devem ser examinados. Os fatores variáveis e predeterminados, utilizados para isso, referem-se a elementos:
   a) do concorrente.
   b) do cliente potencial.
   c) do ambiente interno.
   d) do ambiente externo.
   e) do histórico da organização.

Questões para reflexão

1. Para a construção de cenários, vimos a importância da identificação de fatores variáveis e predeterminados que influenciam nos resultados do ambiente de atuação. Escolha um negócio e identifique os principais fatores variáveis e predeterminados a serem considerados para a empresa em análise. Imagine, ainda, em que situação esses fatores podem ser otimistas ou pessimistas.

2. Para a gestão estratégica, são fundamentais os dados do ambiente interno, pois expõem as forças e as fraquezas da organização. Identifique duas empresas concorrentes e compare as forças e as fraquezas que cada uma delas tem em relação à outra.

O ESTRATEGISTA

Conteúdos do capítulo:
- Desafios do estrategista.
- O gerente e seu papel na estratégia.
- O nível intermediário da decisão estratégica.
- A tomada de decisão estratégica.
- Construção de organizações de aprendizado.

Após o estudo deste capítulo, você será capaz de:
1. interpretar as diferentes formas de atuação do estrategista;
2. compreender que os diferentes papéis organizacionais se complementam para a atuação estratégica, direcionando os resultados aos objetivos propostos e sobretudo permitindo a evolução com o aprendizado adquirido.

3.1 Desafios do estrategista

Para o melhor entendimento sobre o papel do estrategista, o ideal é que possamos compará-lo a outros profissionais.

Inicialmente, com os conceitos que discutimos, buscamos esclarecer o que é estratégia, com suas diferentes definições e aplicações, e ainda contextualizamos a aplicação da estratégia no meio organizacional, com os diferentes resultados que podem ser obtidos.

A definição original de *estratégia* é "a arte do estrategista", que justamente destaca a importância que a personalidade e a visão do estrategista têm para a organização e as mudanças possíveis com a substituição desse profissional.

Ao longo da história, o papel do gestor vem sendo apresentado por meio de diversos conceitos diferentes, que descrevem suas funções e, por vezes, enfatizam mais ou até menos sua atuação como estrategista.

Por esse motivo, vamos analisar melhor o papel do estrategista para elucidar como as organizações entendem esse profissional e evidenciar como seu papel é fundamental para os resultados da empresa, já que estabelecer estratégias em uma organização não é uma tarefa simples que possa ser realizada sem conhecimento.

A visão do estrategista não pode limitar-se àquilo que é tangível, devendo ser ampliada para as possibilidades futuras para o ambiente de atuação. Para isso, ele deve ter conhecimento não só das informações já estabelecidas, mas também dos mecanismos e das influências que podem afetar os objetivos propostos.

Além disso, alguns padrões de comportamento do estrategista podem ser identificados e indicam tendências de resultados para as organizações. Abordaremos as principais características apontadas pela ciência para descrever o papel e o comportamento desse profissional. Os modelos de estrategistas que encontramos no mercado demonstram as diferentes visões de suas atribuições e enfatizam o fato de que diferentes pessoas conduzem a organização a diferentes resultados. Quando considerada a importância do estrategista, podemos entender os papéis de liderança necessários, bem como a demanda pela construção de organizações de aprendizado.

Para que seja possível implementar uma mudança na empresa, é preciso mudar as pessoas que atuam nela, de modo a poder atingir resultados diferentes. Ao gerente, por exemplo, podem ser atribuídas as funções de orientar para a ação, liderar e motivar equipes, atuar de maneira política para pressionar a busca por resultados, construir uma organização de aprendizado, promover o pensamento sistêmico e atuar no nível intermediário na organização.

3.2 O gerente e seu papel na estratégia

Diferentes explicações sobre a função do gerente nas organizações são apresentadas por pesquisadores e estudiosos. Alguns afirmam que são executores, outros, que são pensadores. Há ainda aqueles que argumentam que são controladores e os que defendem que são realmente líderes.

Nem todos esses conceitos estão corretos. Talvez a junção das diversas funções traga maior clareza sobre o papel do gerente, devendo-se separar o que é fato e o que é folclore (Mintzberg et al., 2006). O Quadro 3.1 apresenta alguns desses conceitos.

Quadro 3.1 – Papel do gerente: folclore e fato

Folclore	Fato
O gerente é um planejador reflexivo e sistemático.	Estudos mostram que os gerentes trabalham em ritmo incansável, que suas atividades são caracterizadas por brevidade, variedade e descontinuidade e que eles são fortemente orientados para a ação e não gostam de atividades reflexivas.

(continua)

(Quadro 3.1 – conclusão)

Folclore	Fato
O gerente eficaz não tem obrigações regulares a cumprir.	Além de lidar com exceções, o trabalho gerencial envolve o cumprimento de diversas obrigações regulares, como rituais e cerimônias, negociações e processamento de informações que conectam a organização ao seu ambiente.
O gerente sênior precisa de informações agregadas, que devem ser disponibilizadas por um sistema formal de informações gerenciais.	Os gerentes adotam frequentemente a comunicação verbal, ou seja, por meio de chamadas telefônicas e reuniões.
Gestão é, ou pelo menos está se tornando rapidamente, uma ciência e uma profissão.	Os programas dos gerentes – para organizar tempo, processar informações, tomar decisões etc. – permanecem na cabeça desses profissionais.

Fonte: Elaborado com base em Mintzberg et al., 2006, p. 46-49.

As informações apresentadas no quadro anterior são resultado de diversas pesquisas e entrevistas, que buscaram aferir o que está sendo identificado como *folclore* e demonstram que o trabalho do gerente é, sim, complicado e difícilenvolvendo uma sobrecarga de obrigações, com baixa possibilidade de delegação.

Agora, precisamos desdobrar as funções gerenciais, conforme o Quadro 3.2, para tornar mais fácil a compreensão de dentro para fora do papel assumido pelo estrategista, a partir de um elemento central, ou seja, a pessoa, até chegar ao núcleo da responsabilidade.

Quadro 3.2 – Desdobramento das funções do gestor

Desdobramento	Descrição
A pessoa que exerce o cargo	Indivíduo que já tem estabelecido um conjunto de valores, experiências, habilidades e competências, que geram uma base de conhecimento, a qual pode ser convertida em modelos mentais.

(continua)

(Quadro 3.2 – conclusão)

Desdobramento	Descrição
A estrutura do trabalho	Aplicação realizada pela pessoa na execução da tarefa gerencial; a estrutura provém dos conhecimentos aplicados.
O programa de trabalho	Agenda, o conjunto de tarefas ou questões que exigem atenção.
O núcleo no contexto	Ambiente ou contexto de responsabilidade da tomada de decisão do gerente, caracterizado pelo ambiente interno, que é a unidade que está sendo gerenciada; pelo ambiente interior, que é o restante da organização; e pelo ambiente externo, que é o restante do contexto, composto pelos demais atores do mercado.

Fonte: Elaborado com base em Mintzberg et al., 2006, p. 49-50.

Esses conhecimentos, quando bem estabelecidos, geram os conceitos da **administração em três níveis**, que incluem administrar a ação, administrar as pessoas e administrar a informação. Na busca por atingir os resultados esperados, é importante encontrar equilíbrio entre esses três níveis, o que nem sempre é uma tarefa fácil, já que o gestor, com seu perfil e suas características particulares, tende ao favorecimento de algum dos níveis: "os chamados 'executores' [...] preferem ação, os 'líderes' [...] preferem trabalhar por intermédio das pessoas, e os 'administradores' [...] preferem trabalhar por meio da informação" (Mintzberg et al., 2006, p. 51).

Na **administração por informação**, as informações devem ser processadas pelo gerente e, por meio de canais e processos de comunicação, os indivíduos são conduzidos a executar as ações que levarão ao atendimento dos objetivos. Os processos de comunicação compreendem meios de coleta e disseminação dessas informações e precisam de controle, que utiliza sistemas, projeção de estruturas e imposição de diretrizes, as quais direcionam as ações para os resultados.

Para ficar um pouco mais perto da ação, deve ser utilizada a **administração por meio de pessoas**. No entanto, dadas as características afetivas dos indivíduos e dos grupos, a motivação e o envolvimento dos aspectos de liderança e poder se fazem presentes. Nesse nível, notamos claramente que o processo de influências constitui um grande promotor de resultados, como é mencionado por diversos autores da abordagem comportamental da administração, os quais tratam da administração participativa e da teoria Y, entre outras.

O gerenciamento de pessoas demanda a criação de uma cultura organizacional, que decorre da composição estrutural e hierárquica estabelecida, surgindo o papel da chefia, que compreende primeiramente o nível individual, depois o nível de grupo, com a criação de equipes, e, por fim, o nível de unidade.

O papel de executor surge no nível de **ação gerencial** (administrar a ação). A atuação do gerente é de ação direta, com processos ativos e envolvimento com as ordens para a realização do trabalho. É necessário compreender que a ação ocorre tanto no ambiente interno como no ambiente externo à organização. Internamente, a responsabilidade está diretamente ligada aos fatores que geram mudança, além da resolução de problemas e dos cuidados para que crises não se façam presentes; externamente, envolve os relacionamentos por meio de negociação e o estabelecimento de acordos satisfatórios.

De certa forma, há uma grande ligação entre os três níveis da administração. Isso demanda equilíbrio na atuação do gestor, que deve se dar com a ponderação dos meios de ação e com o entendimento do contexto do ambiente em que essas ações se fazem necessárias. De dentro para fora da organização e de fora para dentro, a atuação acaba passando pelos três níveis. Desse modo, configura-se um **método dedutivo** (informações, pessoas e ações) quando se origina de dentro para fora – caso em que as informações são usadas para a condução das pessoas, para que pratiquem as ações. No caminho contrário, trata-se de um **método intuitivo** (ações, pessoas e informações), de fora para dentro, que difere bastante do anterior pela característica de experimentação para posterior análise e interpretação de resultados, o que gera experiência, modificando as ações futuras.

Além disso, três modelos comportamentais distintos e conflitantes surgem na atuação dos gestores organizacionais: tecnocratas, artistas e artesãos. Sua distinção está ligada tanto à ação como aos resultados, uma vez que se referem a características individuais dos gestores. Com isso, as respostas aos problemas são diferentes, de acordo com cada indivíduo que pratica as decisões e a ação, o que implica a transformação da empresa quando esses indivíduos são substituídos por outras pessoas (Mintzberg et al., 2006).

Os **tecnocratas** apresentam características bastante racionais e conservadoras, sempre buscando unidades de medida e informações históricas. São objetivos, analisam cuidadosamente as informações, utilizam métodos específicos em sua ação, mantêm controle rigoroso. Por isso, são considerados cerebrais.

Os **artistas** são conceituados como lunáticos, por não serem compreendidos pela simplicidade dos detalhes e pela ausência de especificações nas ações. Ao mesmo tempo, têm um perfil bastante empreendedor e são muito inspiradores por causa de sua intuição, coragem e audácia. Também são considerados muito voláteis e imprevisíveis.

Já os **artesãos** se parecem com os tecnocratas. Valorizam muito as pessoas e apresentam uma visão mais ampliada do negócio. Também são conservadores e pensam na longevidade da organização, mas, por sua amabilidade e humanidade, acabam por ter mais proximidade com as pessoas e estimular a confiança delas. São abertos a modificar seu pensamento e a pensar na realidade.

Portanto, o trabalho do gerente nas organizações não é algo tão diretamente definido, e os resultados da empresa vão depender das características dos gestores, com seus diferentes estilos de liderança.

3.3 O nível intermediário da decisão estratégica

No nível intermediário, os estrategistas das organizações, por conotarem uma condição de mediocridade e por gerarem um processo de resistência em virtude de se manterem nesse contexto mediano, defendendo esse *status*, aparecem em muitas teorias como condenados a um processo de extinção, pelo fato de não agregarem valor para a organização, com um olhar voltado para o crescimento.

O valor das contribuições dos profissionais desse nível é bastante alto, ainda mais que eles preenchem um espaço não absorvido pelo nível mais elevado. Claro que nem todos os gestores dão a contribuição que realmente é esperada deles, no entanto é no nível intermediário que são facilitados os processos de mudança organizacional.

Quatro aspectos se destacam no papel do estrategista do nível intermediário: o empreendedor, o comunicador, o terapeuta e o acrobata (Mintzberg et al., 2006, p. 75-76). Vejamos a seguir cada um deles.

1. **Empreendedor**: o estrategista do nível intermediário tem ideias empreendedoras, que precisam ser ouvidas e colocadas em prática. Por estar em um papel mais próximo das operações, dos clientes e dos funcionários, pode entender melhor quais são os problemas da organização. Consegue visualizar novas possibilidades, gerando uma diversidade de ideias criativas que permitem fazer a organização mudar ou crescer.
2. **Comunicador**: por sua condição de nível de trabalho, o estrategista do nível intermediário tem facilidade para articular as redes informais que possibilitam as mudanças. A maioria dos problemas ocorre no processo de implementação, que exige comunicação clara e convincente. Muitos estrategistas intermediários chegam a esse nível oriundos de níveis operacionais, então o processo de comunicação se torna muito mais fácil em razão de suas redes

sociais, uma vez que conhecem quem faz e quais são as formas de convencer e conduzir as atividades para que sejam realizadas.
3. **Terapeuta**: o medo está diretamente atrelado ao processo de mudança, e a proximidade do estrategista intermediário com os níveis inferiores da empresa permite uma conexão com a necessidade emocional dos funcionários. Ele sabe como lidar com o bem-estar emocional dos colaboradores nesse cenário, em que a incerteza da mudança não é controlada, o moral pode ser reduzido e a ansiedade pode ser gerada, resultando em depressão ou paralisia. O aprendizado e a adaptação, ou a capacidade de ajuda, são prejudicados quando há esse processo de depressão.
4. **Acrobata**: muita mudança gera o caos, e pouca mudança em ritmo lento resulta em inércia. O estrategista intermediário é capaz de administrar a tensão entre continuidade e mudança que se instaura na organização. Esse papel está diretamente ligado à ideia de equilíbrio.

Essas quatro forças devem estar presentes de modo equilibrado no profissional, pois assim é possível contribuir mais para o resultado organizacional do que um estrategista no nível mais elevado conseguiria em sua atuação individual.

3.4 A tomada de decisão estratégica

Deve haver uma combinação de atos por parte dos estrategistas para que possam obter sucesso em suas realizações. Como descrevemos anteriormente, há uma série de características que moldam o perfil de atuação desses profissionais. Mintzberg et al. (2006, p. 63-66) identificam cinco habilidades ou talentos comuns nos executivos bem-sucedidos, as quais, portanto, se mostram bastante relevantes. A seguir, vejamos cada uma dessas características.

1. **Manter-se bem informado**: o estrategista não é detentor de todas as informações sobre todos os processos da organização, portanto precisa criar uma rede com elementos que dominem cada uma das especialidades necessárias para o bom entendimento do contexto.
2. **Focar tempo e energia**: o bom entendimento sobre as tarefas e a identificação daquelas que trarão maior impacto no longo prazo para a empresa proporcionam ao estrategista a possibilidade de selecionar as atividades às quais realmente deve dedicar seu tempo e sua energia, uma vez que tem capacidade limitada de atuação. As demais tarefas devem ser delegadas para pessoas treinadas, e o estrategista precisa apenas manter-se informado e dar o aceite sobre as questões apresentadas.
3. **Jogar o jogo do poder**: trata-se do cuidado entre a imposição de suas ideias e propostas e a demanda pelo reconhecimento das necessidades das pessoas, a fim de que o apoio obtido para a sequência das atividades realmente possa promover os resultados esperados. Isso coloca o senso de oportunidade como um elemento fundamental para o estrategista, pois ele deve identificar as demandas das diversas pessoas envolvidas com a organização, além das metas que realmente lhe interessam, articulando sua atuação, evitando, assim, que as pessoas se tornem impedimentos para os programas ou projetos.
4. **Atuar com a imprecisão**: muito embora o estrategista bem-sucedido nem sempre tenha um conjunto de objetivos bem definidos, uma habilidade importante é a de convencer a organização de que existe, sim, um senso de direção, pois os objetivos que ele visualiza são responsáveis por conduzir seus pensamentos para entender melhor o ambiente. O estrategista declara os objetivos da organização de maneira sempre subjetiva, ou indireta, nunca sendo totalmente fechado na definição. Considera impossível estabelecer esses objetivos específicos em um ambiente dinâmico, no qual a estratégia corporativa precisa ser constantemente revisada. Com

essa falta de clareza, o estrategista conduz o público e os acionistas a acreditar que a organização tem um conjunto de objetivos bem definidos, com senso de direção claro. No entanto, ele sabe e sente as ameaças que circundam a empresa. Administrar sem tomar decisões políticas não significa que as organizações operem sem política. As políticas são aquelas que surgem com o tempo, por meio de um conjunto de decisões operacionais.

5. **Misturar objetivos**: o estrategista entende que empurrar pacotes ou programas completos para a organização nem sempre é a melhor alternativa e está disposto a aceitar a parcialidade para progredir em relação às metas. Ele deve identificar as relações entre as partes para reconhecer as oportunidades de combinação e reestruturação.

Desse modo, podemos perceber que, para o desenvolvimento estratégico, o estrategista deve analisar a proposta total, ou algumas partes da proposta, verificar como, no todo ou parcialmente, esta será recebida nos grupos da organização e como se relaciona aos programas já em processo ou recentemente delineados, para então conduzir sua tomada de decisão.

3.5 Construção de organizações de aprendizado

Para compreender o que entendemos por *organizações de aprendizado*, é preciso inicialmente analisar os itens propostos por Mintzberg et al. (2006, p. 67) sobre o contexto do aprendizado:

> Somos seres humanos e fomos feitos para o aprendizado (lembre-se das crianças em sua evolução) [...]. As organizações são feitas de pessoas, portanto possuem a característica de aprender [...]. Parte desse potencial de aprender vem sendo perdido em modelos

errados de gestão, como o exemplo em que somos ensinados a dar a resposta certa, para evitar erros.

A busca pela aprovação das pessoas nos faz reduzir os esforços ou criar condições menos favoráveis para o desempenho. Um desempenho superior depende de aprendizado superior e vem sendo foco de estudo das organizações para alcançar melhores resultados.

Nesse contexto, estão presentes o aprendizado adaptável, relacionado à cópia ou a elementos naturais, e o aprendizado gerador, que exige formas diferentes de agir e enxergar as coisas. O novo trabalho do líder passa a ter um papel menos carismático e mais voltado aos conceitos de projetistas, professores e administradores. Os líderes, portanto, passam a ser responsáveis por construir organizações por meio do aprendizado, construindo visão compartilhada, desafiando os modelos mentais e promovendo o pensamento sistêmico.

Para proporcionar resultados, o líder deve utilizar a tensão criativa, ou princípio integrador, que requer a clara percepção do lugar aonde se quer chegar (a visão) e do lugar onde se está (a realidade atual). O espaço entre essas duas situações gera uma tensão natural.

Mintzberg et al. (2016, p. 68) apresentam o conceito de tensão criativa:

> Tensão criativa pode ser resolvida de duas maneiras básicas: levando a realidade atual em direção à visão, ou trazendo a visão para a realidade atual. Pessoas, grupos e organizações que aprendem como lidar com a tensão criativa aprendem como usar a energia que ela gera para mover a realidade de forma mais confiável em direção a suas visões...

Não estamos apontando isso somente como solução de problemas, pois, nesse caso, os esforços são medidos para sair de uma situação indesejável atual. Na tensão criativa, medem-se os esforços para mudar o cenário entre a situação atual e a desejada, a fim de chegar à visão que foi definida.

Assim, começa a surgir a demanda por criatividade e motivação, de modo que se possa construir uma cultura organizacional e moldar sua evolução. Destacam-se, então, três papéis distintos do líder:

1. **Líder como projetista**: projetista é aquele que cria a estrutura para atingir os resultados. Esse papel tem essencial importância, uma vez que é focado no objetivo, na visão e nos valores básicos da organização.
2. **Líder como professor**: busca meios para ajudar a todos na organização, inclusive a si mesmo, a fim de que se possa obter uma melhor visão da realidade atual. Trabalha os modelos mentais que as pessoas têm sobre as questões, criando meios que facilitem o processo de entendimento.
3. **Líder como administrador**: tem uma atitude crítica. Sente-se parte de um objetivo mais amplo e da mudança. Com isso, usa sua convicção para liderar, gerando até mais satisfação pessoal e sucesso organizacional do que as outras formas de liderança.

Esses novos modelos demandam dos líderes e de todas as pessoas envolvidas o trabalho com habilidades que permitem o desenvolvimento da liderança, conforme indica o Quadro 3.3.

Quadro 3.3 – Habilidades da liderança

Habilidade	Descrição
Construir visão compartilhada	Uma visão individual não traz resultados para a organização. Já o compartilhamento da visão permite que as diversas peças sejam aproveitadas de modo a ampliar os resultados gerais. Para desenvolver a visão compartilhada, é preciso: encorajar a visão pessoal; comunicar e pedir suporte; encarar a visão como um processo contínuo; misturar visões extrínsecas e intrínsecas; distinguir visões positivas de visões negativas.

(continua)

(Quadro 3.3 – conclusão)

Habilidade	Descrição
Trazer à tona modelos mentais e testá-los	Uma das grandes razões para as melhores ideias não serem colocadas em prática nas organizações é o fato de os modelos mentais não serem iguais às iniciativas tomadas. Para reduzir essa falta de aproveitamento dos modelos mentais, é necessário: enxergar falhas de abstração; equilibrar pesquisa e defesa; distinguir teoria adotada de teoria em uso; reconhecer e enfraquecer as rotinas defensivas.
Promover pensamentos sistêmicos	O papel do líder também é facilitar o entendimento do quadro geral. Como esse processo nem sempre é tão fluente, é preciso: ver inter-relações, não coisas, e processos, não imagens isoladas; mover-se para além da culpa; separar complexidade de detalhes de complexidade dinâmica; focar áreas de alta alavancagem; evitar soluções sintomáticas.

Fonte: Elaborado com base em Mintzberg et al., 2006, p. 72-74.

Caso o líder não consiga transmitir essas habilidades às pessoas da organização, os resultados não serão satisfatórios. Portanto, o desenvolvimento de tais habilidades deve ocorrer sempre, em todo o ambiente organizacional. Os seres humanos têm a capacidade de aprendizado e, ao se promover uma organização que aprende, o estrategista deve entender essa capacidade e o fato de que as empresas, por serem constituídas por pessoas, devem evoluir com esse mesmo propósito.

Síntese

Neste capítulo, vimos que o papel do estrategista é bastante variado e requer interpretações corretas de acordo com as demandas da tomada de decisão.

Tratamos ainda da importância da compreensão das boas decisões em todos os níveis organizacionais, já que influenciam a obtenção dos resultados tendo em vista os objetivos organizacionais.

Além disso, vimos que, tanto no nível intermediário quanto nos níveis superiores da hierarquia organizacional, há especificidades para a função do gestor. De qualquer modo, o foco é a mudança ou a transformação, adaptando-se as ações para atingir diferentes resultados. Para isso, o aprendizado contribui de modo intensivo, permitindo que as pessoas se organizem para superar desafios no caminho futuro.

Estudo de caso

O investigador profissional Marcos foi designado para trabalhar em um caso corporativo no qual havia suspeita de beneficiamento indevido a uma das partes interessadas em um contrato de alto valor e cujos gestores estavam sob suspeita.

Durante a investigação, Marcos não poderia deixar transparecer de nenhuma maneira qual era seu papel, pois isso poderia atrapalhar o acesso às informações que permitiriam elucidar o caso. Em razão disso, teve de agir como estrategista, buscando alternativas e critérios para alcançar seus objetivos, mas com a visão de todos os elementos que poderiam, de alguma forma, prejudicar o andamento do caso.

Assim, Marcos optou por fazer uma análise sob a ótica da administração em três níveis (administrar a ação, administrar as pessoas e administrar a informação) a fim de promover um equilíbrio entre esses três itens, configurando um papel de liderança que conduzisse as ações a novos planejamentos. Nesse trabalho, percebeu que alguns dos suspeitos de envolvimento nos desvios contratuais demonstravam a tendência a recusar mudanças em determinados pontos, fato que permitiria identificar mais facilmente os pontos de ação para elucidar o caso.

Nessa situação, o sucesso de Marcos se deveu basicamente à sua capacidade de compreender os elementos de gestão e à utilização das técnicas do estrategista para sua inserção no grupo, o que lhe possibilitou perceber as movimentações que estavam sendo condicionadas no ambiente.

Para saber mais

BRUHN, P. R. L. O papel do estrategista: integrando gestão e estratégia. **Inovadata**, Porto Alegre, 25 set. 2014. Disponível em: <http://www.inovadata.com.br/?p=177>. Acesso em: 16 abr. 2020.

Que tal refletir um pouco mais sobre o papel do estrategista? Nesse texto, Paulo Bruhn explica como gestão e estratégia estão ligadas e qual é a importância do estrategista para a realização de objetivos.

CAVALCANTI, G. G.; ARAÚJO, M. A. V.; MORAES, W. F. A. de. Uma análise crítica da proposta das estratégias emergentes de Henry Mintzberg. In: SIMPEP, 12., 2005, Bauru. **Anais**... Bauru, 2005. Disponível em: <https://simpep.feb.unesp.br/anais/anais_12/copiar.php?arquivo=GOIS_GC_Uma%20analise%20critica.pdf>. Acesso em: 16 abr. 2020.

Para entender um pouco sobre a aplicação da estratégia pelos estrategistas, leia esse artigo de Gabriela Cavalcanti, Marcus Araújo e Walter Moraes, em que eles apresentam as estratégias emergentes, juntamente com propostas de como o estrategista deve agir para transformar os resultados organizacionais.

Questões para revisão

1. A função do estrategista é apresentada como complexa e com características específicas que possibilitam o alcance dos resultados em um tempo futuro. Qual é a responsabilidade do estrategista?

2. O papel do empreendedor envolve diversas funções que se tornam complexas em razão da dinâmica do ambiente. Explique por que o estrategista deve saber atuar com a imprecisão.

3. O papel do gestor é fundamental na condução das atividades, e suas funções são descritas de diversas formas, que variam de acordo com o contexto. Com o desdobramento das funções do gestor, surgem os conceitos da administração em três níveis, que correspondem a:
    a) administrar a ação, administrar as pessoas e administrar a informação.
    b) administrar a execução, administrar as finanças e administrar os riscos.
    c) administrar as pessoas, administrar os dados e administrar os recursos.
    d) administrar as variáveis, administrar a decisão e administrar a incerteza.
    e) administrar o contexto, administrar as variáveis e administrar a execução.

4. No papel do gerente intermediário, quatro forças se destacam segundo Mintzberg et al. (2006). Ter facilidade para articular as redes informais que possibilitam as mudanças corresponde ao aspecto:
    a) empreendedor.
    b) comunicador.
    c) terapeuta.
    d) acrobata.
    e) orientador.

5. Para a atuação do estrategista, algumas características se tornam relevantes. Mintzberg et al. (2006) apresentam cinco habilidades ou talentos comuns nos executivos bem-sucedidos. O cuidado em impor ideias e propostas utilizando o bom senso como elemento fundamental corresponde à característica de:
a) manter-se bem informado.
b) focar tempo e energia.
c) jogar o jogo do poder.
d) atuar com a imprecisão.
e) misturar objetivos.

Questões para reflexão

1. Para compreender melhor o conceito da administração em três níveis proposto por Mintzberg et al. (2006), reflita sobre o papel do investigador profissional e seu contexto para administrar a ação, administrar as pessoas e administrar a informação.

2. Analise a importância, para o investigador profissional e para o gestor de organizações de investigação, de:
a) construir visão compartilhada;
b) trazer à tona modelos mentais e testá-los;
c) promover pensamentos sistêmicos.

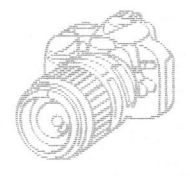

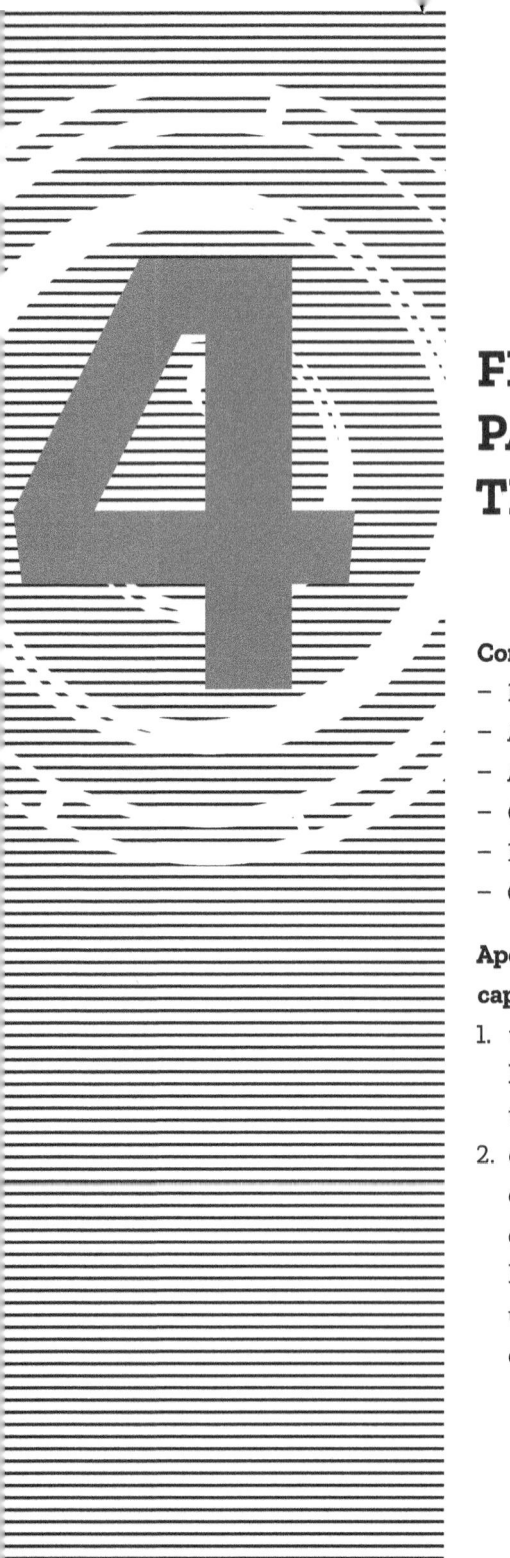

FERRAMENTAS PARA A ESTRATÉGIA

Conteúdos do capítulo:
- Forças competitivas de Porter.
- Análise do ciclo de vida.
- Análise SWOT.
- Cadeia de valor de Porter.
- Estratégias genéricas de Porter.
- Conceito e aplicação do 5W2H.

Após o estudo deste capítulo, você será capaz de:
1. utilizar algumas das ferramentas de levantamento de informações para a tomada de decisão estratégic;.
2. compreender a importância de buscar o maior número possível de informações de modo imparcial, ampliando a leitura do ambiente e proporcionando um melhor desempenho na obtenção dos resultados propostos.

4.1 Utilização de ferramentas na estratégia

É importante conhecer algumas das ferramentas que podem contribuir para a busca de informações e a tomada de decisão estratégica. Mesmo em casos nos quais essas ferramentas não se encaixem completamente, é possível adaptá-las e, assim, trazer uma perspectiva de que não se está partindo do zero para identificar elementos que ajudarão a atingir os objetivos.

A utilização de ferramentas padronizadas é cada vez mais comum. Elas derivam do desenvolvimento de elementos teóricos que comprovam sua efetividade. Permitem certa adaptação a diferentes realidades e finalidades. Quando se considera a adaptação dessas ferramentas, é necessário ter o cuidado de preservar sua essência; porém, como há muita similaridade de ação em diversas formas de atuação, fica fácil aproveitar o que cada modelo traz de melhor.

As diferentes ferramentas que vamos descrever ao longo deste capítulo correspondem a apenas alguns dos principais elementos presentes no âmbito da gestão estratégica. Há outras que podem ser de igual importância em contextos diferentes, além de haver a possibilidade de surgirem novas teorias e novos recursos. Por isso, é importante sempre procurar formas diversas para o desenvolvimento das tarefas que se impõem.

4.2 Forças competitivas de Porter

Quando se trata de estudar como moldar as estratégias, ou seja, como traçar o caminho para atingir os objetivos estabelecidos pela empresa, é preciso entender o ambiente empresarial, dividido em ambiente interno e ambiente externo, como já mencionamos. Conforme observamos, o ambiente interno se refere à empresa, seus processos internos e a forma de utilização de seus recursos; já o ambiente externo é aquele em que a empresa se encontra, cercada de outras organizações que a influenciam e que por ela são influenciadas.

Segundo Porter (citado por Mintzberg et al., 2006), cinco tipos de organização são considerados na moldagem da estratégia, como demonstra a Figura 4.1.

Figura 4.1 – As cinco forças de Porter

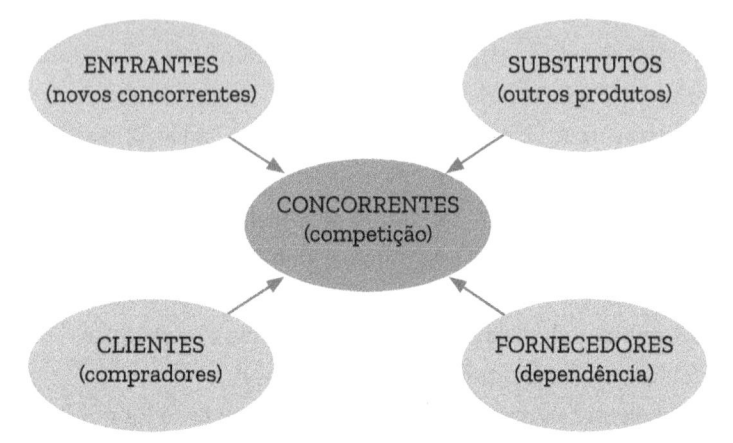

```
        ENTRANTES                    SUBSTITUTOS
    (novos concorrentes)           (outros produtos)
                    ↘           ↙
                    CONCORRENTES
                    (competição)
                    ↗           ↖
         CLIENTES                    FORNECEDORES
       (compradores)                 (dependência)
```

Fonte: Elaborado com base em Mintzberg et al., 2006, p. 96.

Para Mintzberg et al. (2006, p. 96), "a força ou as forças competitivas mais fortes determinam a lucratividade de uma indústria e por isso são de grande importância para a formulação da estratégia". Na sequência, vamos descrever o que cada uma delas representa.

Concorrentes

É preciso entender qual é o grau de intensidade da rivalidade. Segundo Mintzberg et al. (2006), pode variar de intenso até suave:

- No **grau intenso**, a rivalidade ocorre de modo que nenhuma empresa consegue retornos espetaculares sobre o investimento, como acontece nos setores de metais e pneus.

- No **grau suave**, há espaço para retornos bastante altos, como no caso dos setores de petróleo e refrigerantes. Nesse contexto, alguns determinantes para a rivalidade são: crescimento da indústria, concentração e equilíbrio, custos fixos e valor agregado, diferenças entre produtos, identidade da marca, entre outros.

Entrantes

Entrantes são competidores novos, que pretendem entrar e ganhar participação no mercado. Podem analisar o que deu certo e o que deu errado com aqueles que já atuam. Pelo fato de chegarem a um mercado que já está estabelecido, algumas barreiras são impostas aos entrantes:

- **Economia de escala**: por se iniciarem em um segmento, as empresas não conseguem produzir em escala na mesma proporção daquelas que já rivalizam no mercado. Quando têm êxito, acabam aceitando uma desvantagem de custo.
- **Diferenciação de produto**: as empresas que já rivalizam têm marcas fortes, que habitam o consciente dos consumidores. Nesse cenário, uma empresa entrante terá de investir muitos recursos financeiros para conquistar a lealdade dos clientes.
- **Exigência de capital**: alinhados com as empresas que já rivalizam, os entrantes necessitam dispor de um grande recurso de capital para investir em *marketing*, em pesquisa e desenvolvimento, em vendas de produtos a prazo e em compra de produtos à vista, pois dificilmente uma empresa entrante consegue as mesmas condições financeiras daquelas que já estão no mercado.
- **Desvantagens de custo**: os custos podem ser uma grande desvantagem em relação às empresas que já estão atuando no mercado, uma vez que estas podem ter credibilidade com fornecedores de matérias-primas e, assim, ter acesso aos melhores, além de disporem de maior poder de barganha também para a venda. Ademais,

as empresas que já atuam no mercado provavelmente melhoraram sua experiência produtiva e resolveram problemas diversos que poderiam impactar os custos.

- **Acesso aos canais de distribuição**: como convencer um revendedor a comercializar o produto de uma nova empresa? Muitas vezes, os entrantes não conseguem acesso aos canais existentes, e sua única saída é criar os próprios canais, o que aumenta o custo.
- **Políticas governamentais**: muitas empresas sofrem influência direta do governo, que controla e regulamenta alguns setores. Isso abrange desde situações corriqueiras, como a defesa de um mercado mais competitivo, até restrições e controles sobre distribuição, forma de comercialização, segurança, entre outros aspectos.

Fornecedores

De acordo com Mintzberg et al. (2006), os fornecedores se tornam poderosos quando:

- o mercado é dominado por poucas empresas;
- seu produto é único ou diferenciado;
- existe um custo de mudança, ou seja, a empresa tem um custo maior para trocar de fornecedor;
- não são obrigados a brigar com outros produtos para vender para um segmento;
- representam uma ameaça de integração antecipada, ou seja, passam a atender diretamente ao cliente da empresa;
- o setor não é importante para o grupo de fornecedores (por exemplo, os produtores de cana-de-açúcar, dependendo da conjuntura de mercado, podem optar por fornecer mais para a indústria transformadora do etanol do que para os produtores de açúcar).

Clientes

Para Mintzberg et al. (2006), os clientes se tornam poderosos quando:

- têm poder de compra para grandes volumes, com concentração de sua atuação;
- adquirem produtos com baixa diferenciação e alta padronização, que permitem a fácil substituição de fornecedores;
- compram produtos que representam alta participação na composição dos custos de seus próprios produtos;
- são fornecedores de produtos finais de baixo valor agregado, consequentemente com margens de lucro baixas, o que faz as organizações constantemente buscarem redução de custos;
- a qualidade não é um quesito importante;
- podem fazer a integração para trás, ou seja, o cliente passa a produzir para si o produto ou serviço que anteriormente comprava, e até mesmo pode tornar-se um competidor.

Substitutos

Identificados também como *ameaça de substituição*, os produtos substitutos não estão na briga direta de rivalidade da concorrência, porém podem substituir produtos principais.

Desse modo, os produtos substitutos se tornam poderosos quando:

- o preço dos demais produtos não é satisfatório;
- não há grandes custos e barreiras para a mudança, e o comprador tem opção de escolha;
- o próprio comprador está propenso a mudar.

De forma geral, é essa força que geralmente é considerada como variável para definir os preços no mercado e intensificar a concorrência.

Quando se compreendem a forma de ação e a possibilidade de poder de cada uma das forças, é possível moldar a estratégia empresarial com um bom conhecimento do setor e do mercado. "Por exemplo, mesmo uma empresa com posição forte em um setor não ameaçado por potenciais entrantes terá retorno baixo se enfrentar um produto substituto superior ou com o custo mais baixo" (Mintzberg et al., 2006, p. 96-97).

Vale ressaltar que cada setor tem uma estrutura bem definida e diferenciada. Conforme o segmento, a empresa poderá imperar com mais intensidade em uma ou mais forças, ou seja, o modelo das cinco forças de Porter deve ser adaptado à realidade da organização e de seu setor. Uma forma de tornar essas ameaças uma oportunidade é olhar para dentro da organização na busca de vantagem competitiva. É isso o que veremos a seguir.

4.3 Análise do ciclo de vida

É necessário entender que muitos elementos no meio organizacional têm ciclos de existência. Tais aspectos devem ser examinados para que os esforços possam ser direcionados corretamente.

A análise do ciclo de vida dos produtos possibilita compreender como ocorrem as fases que o compõem, sendo possível observar que esse ciclo pode ser maior ou menor ou até mesmo encerrado antecipadamente por gestores ou outros interessados.

O ciclo de vida do produto tem quatro fases elementares, e a duração ou intensidade de cada fase varia de acordo com os diferentes impulsos ou possibilidades. Esse aspecto é extremamente importante na tomada de decisão, pois vai permitir direcionar os esforços a serem dedicados a cada produto ou serviço, bem como decidir pela descontinuidade de determinadas operações.

Para "cada período ou situação de contexto a organização deveria adotar uma determinada forma de estrutura de formação de estratégias" (Quintella; Cabral, 2007, p. 1185). Logo, podemos inferir que a organização também passa por períodos de equilíbrio, mas que existem momentos de configuração e de transformação. Os autores citados afirmam ainda que esses períodos vão se alternando de acordo com as ações organizacionais e seu contexto.

Para que a interpretação das fases do ciclo de vida seja facilitada, é importante analisar a Figura 4.2 e, com base na imagem, considerar que as fases estão presentes não somente em produtos e serviços, como também em outros conceitos na estratégia.

Figura 4.2 – Fases do ciclo de vida do produto

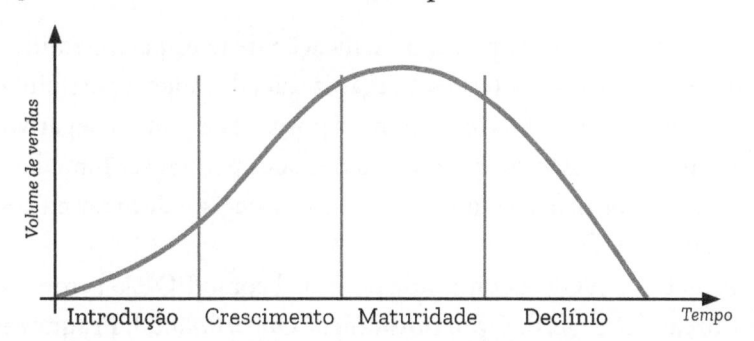

[Gráfico: eixo Y "Volume de vendas", eixo X "Tempo", com curva passando pelas fases Introdução, Crescimento, Maturidade, Declínio]

Ao examinarmos cada uma das fases do ciclo de vida do produto, podemos perceber sua relação com diferentes áreas.

A primeira fase corresponde à **introdução**, o momento inicial do produto, seu lançamento. Após a concepção, o produto carece de esforços para que possa ser divulgado e, assim, desperte o interesse dos potenciais consumidores. Essa pode ser uma das fases mais dispendiosas do ciclo, pois ainda há bastante incerteza; é o momento mais distante entre investimento e retorno.

Depois dos esforços iniciais, se o produto teve uma boa aceitação no mercado, inicia-se a fase de **crescimento**. Nesse momento, os estrategistas devem atentar para o potencial desse crescimento e a forma como poderá ser aproveitado da melhor maneira possível.

No entanto, chega um momento em que todo o mercado potencial estará atendido por aquele produto. Então, o interesse deixa de ser crescente e as vendas param de subir. É a fase da **maturidade**. A concorrência começa a disputar fatias já existentes do mercado, e as margens tendem a cair.

Por fim, ocorre a fase do **declínio**, quando o interesse pelo produto começa a deixar de existir ou este passa a ser substituído por outras opções do mercado.

4.4 Análise SWOT

A análise SWOT corresponde à verificação de itens para identificar elementos internos e externos à organização, de modo a possibilitar uma melhor compreensão de pontos positivos e pontos negativos, o que amplia a visão sobre como as decisões podem ser tomadas e quais são os principais cuidados que o estrategista deve ter na condução das atividades.

A matriz SWOT é conhecida no Brasil como **FOFA**, acrônimo de **Forças** (*Strenghts*), **Oportunidades** (*Opportunities*), **Fraquezas** (*Weaknesses*) e **Ameaças** (*Threats*).

Na análise SWOT, as forças e as fraquezas constituem os aspectos relacionados ao ambiente interno da organização, ou seja, são situações próprias. De outro lado, as oportunidades e as ameaças advêm do ambiente externo, estão no meio e não são tão controláveis quanto as variáveis do ambiente interno (Kluyver; Pearce II, 2007).

Dessa forma, a matriz SWOT proporciona uma leitura ampla para compor o cenário que permeia o negócio em estudo, justamente por não se limitar aos aspectos próprios e ampliar a visão de futuro para o ambiente.

No Capítulo 6, veremos a representação gráfica mais comum da análise SWOT. Embora possa ser apresentada com algumas variações, de acordo com a visão do estrategista, na busca por cruzar as informações o contexto ideal é compreender que cada um dos quatro itens estará em um quadrante. Além de separar ambiente interno (forças e fraquezas) e ambiente externo (oportunidades e ameaças), ainda existe a possibilidade de leitura dos elementos favoráveis (forças e oportunidades) e desfavoráveis (fraquezas e ameaças).

A correta identificação de cada um dos itens facilita o entendimento de como aproveitar os itens favoráveis, gerando vantagem competitiva, e também de como buscar meios para se defender dos elementos desfavoráveis.

4.5 Cadeia de valor de Porter

A cadeia de valor de Porter é uma ferramenta estratégica básica que permite à empresa conhecer as atividades e os elos que compõem seu fluxo produtivo, proporcionando uma melhoria focada em custos e eficiência. Ou seja, trata-se de como as atividades são realizadas para a criação de diferencial no mercado, sendo que a maneira como são realizadas determinam seus custos e lucros.

Conforme Porter (1990, p. 31),

> A cadeia de valores desagrega uma empresa nas suas atividades de relevância estratégica para que se possa compreender o comportamento dos custos e as fontes existentes e potenciais de diferenciação. Uma empresa ganha vantagem competitiva, executando estas atividades estrategicamente importantes de uma forma mais barata ou melhor do que a concorrência.

A seguir, vejamos na Figura 4.3 uma representação gráfica da cadeia de valor de Porter.

Figura 4.3 – Cadeia de valor de Porter

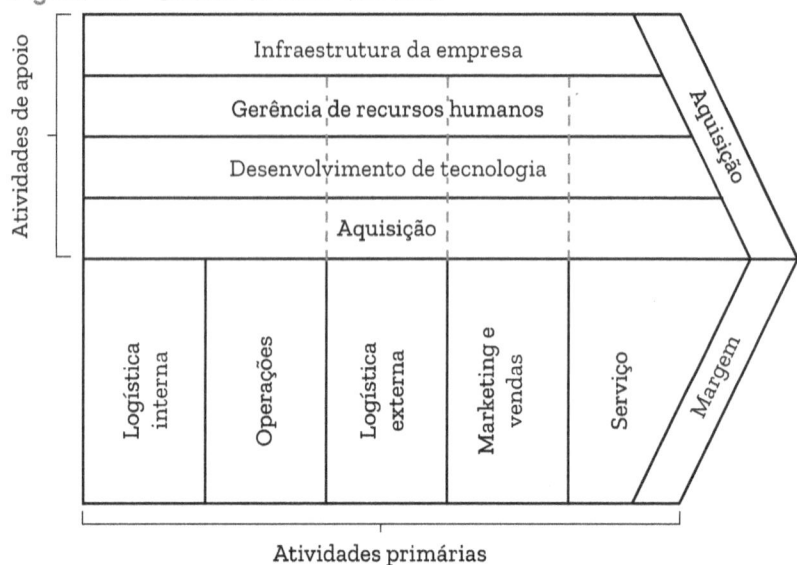

Atividades de apoio	Infraestrutura da empresa					Aquisição
	Gerência de recursos humanos					
	Desenvolvimento de tecnologia					
	Aquisição					
	Logística interna	Operações	Logística externa	Marketing e vendas	Serviço	Margem

Atividades primárias

Fonte: Porter, 1990, p. 35.

Como podemos perceber, as atividades podem ser divididas em primárias e de apoio. As **atividades primárias** são aquelas desenvolvidas para a criação física do produto e em sua venda para o consumidor. Já as **atividades de apoio** são aquelas que sustentam as atividades primárias com os recursos de tecnologia, humanos, materiais etc. Todas as ligações existentes na cadeia de valor compreendem um sistema de atividades interdependentes, ou seja, o modo como uma atividade de valor é executada e o custo ou o desempenho de outra estão relacionados.

Porter desenvolveu a cadeia de valor para a indústria, por isso ela envolve logística interna, operações, logística interna, *marketing* e vendas e serviços. Na indústria, essas atividades merecem especial atenção e devem ser descritos a forma como serão realizadas e o plano de contingência, que corresponde a como a organização vai atuar caso ocorra algum problema com a forma convencional. Para serviços e comércio, essas cinco atividades devem ser substituídas por aquelas que o estrategista identificar como as cinco mais críticas para o atendimento do que está sendo proposto pela organização.

4.6 Estratégias genéricas de Porter

Para melhor explicarem as estratégias genéricas, Mintzberg et al. (2006) utilizam o estudo de Michael Porter que relaciona três modelos de estratégias: liderança em custo, diferenciação e foco. Para Porter, a rentabilidade da organização é determinada pelo posicionamento da empresa no setor em que atua, o qual pode ser acima ou abaixo da média do setor. Já as vantagens competitivas são caracterizadas como custo baixo ou diferenciação. O fato de a empresa se posicionar em uma estratégia genérica não a impede de mudar esse posicionamento ao longo de sua atuação, uma vez que o mercado muda, e a organização pode encontrar oportunidades ou deparar-se com a necessidade de se modificar.

Figura 4.4 – Estratégias genéricas de Porter

		VANTAGEM COMPETITIVA	
		Custo mais baixo	Diferenciação
LIMITE COMPETITIVO	Alvo amplo	1. Liderança em custo	2. Diferenciação
	Alvo restrito	3A. Foco em custo	3B. Foco em diferenciação

Fonte: Mintzberg et al., 2006, p. 116.

Se analisarmos a figura anterior sob o prisma de uma empresa, veremos que uma organização da indústria (mercado) restrita, ou seja, com um número menor de clientes, vai manter seu foco no custo ou na diferenciação, com o enfoque em um número menor de compradores (alvo restrito). Por outro lado, a empresa que está com um alvo amplo pode decidir entre a estratégia de liderança em custo e a de diferenciação. A seguir, vejamos cada uma dessas estratégias.

Liderança em custo total: Nesta estratégia procura-se atingir o menor custo possível através da utilização de políticas e processos que orientem a empresa para suas atividades fins. Neste tipo de estratégia é necessário que a empresa possua uma grande capacidade instalada para poder atender a elevadas demandas, o que proporcionará economias de escala e redução de custo em virtude da experiência adquirida. Apesar de considerar que atributos de qualidade e atendimento ao cliente sejam importantes, o foco desta estratégia será o custo baixo para que desta forma se possa conquistar clientes sensíveis ao preço. Mesmo que a existência e a ação das forças competitivas influenciem a rentabilidade da empresa, a liderança no custo total permitirá que esta obtenha retornos acima da média, protegendo assim a empresa dos competidores, uma vez que os custos mais baixos possibilitam o lucro mesmo quando os concorrentes já os tenham consumido (PORTER, 2005).

Diferenciação: Esta estratégia procura diferenciar a oferta da empresa das ofertas dos concorrentes através da criação de um diferencial competitivo, que pode ocorrer sob as formas de marcas e atendimento personalizado, dentre outras dimensões. Esta estratégia não considera grandes volumes e preço baixo. Ao contrário, a estratégia de diferenciação busca atender um número menor de clientes de uma forma mais personalizada, o que inviabiliza a conquista de grande participação de mercado. Desta forma, a empresa cria barreiras de entrada aos concorrentes em virtude da lealdade obtida dos consumidores. Além disso, o poder de barganha dos compradores diminui à medida que os mesmos são menos sensíveis ao preço e também por causa da escassez de alternativas que atendam às suas necessidades de forma satisfatória. Mesmo não ignorando a questão relativa ao preço baixo, a estratégia de diferenciação busca obter retornos acima da média, como modo de defender sua posição na indústria perante as forças competitivas (PORTER, 2005).

Enfoque [foco]: Aqui se busca centrar as forças em um grupo específico de compradores, ou em uma determinada área geográfica e, assim, o enfoque poderá ocorrer de diversas formas. Geralmente as estratégias de custo baixo e diferenciação são aplicadas com uma ampla abrangência do setor. Entretanto, a estratégia de enfoque procura atender a um alvo específico com alta

> eficiência e, para que se atinja este objetivo, todos os processos são definidos em conformidade com este tipo de estratégia. Isto ocorre porque, nesta estratégia, a empresa entende que é possível atender com maior precisão as necessidades de um público-alvo mais específico do que procurar atender às necessidades da indústria como um todo. Desta forma, como nas estratégias de liderança no custo total e diferenciação, a utilização adequada do enfoque também irá proporcionar retornos acima da média, pois a empresa poderá atingir uma posição de baixo custo ou de diferenciação, ou ambas (PORTER, 2005). (Royer, 2010, p. 5)

Logo, podemos entender que, por exemplo, uma indústria como a Coca-Cola busca ser líder em custo e uma empresa como a Apple opta pela diferenciação em seus produtos. Por fim, podemos considerar que uma empresa fabricante de produtos para pessoas diabéticas adotou a estratégia do foco.

Portanto, a empresa **líder em custos** é aquela que, por meio dos baixos custos, consegue produzir e vender produtos relativamente ou totalmente padronizados para atender a muitos clientes com o preço mais baixo, o que se torna uma vantagem competitiva, já que aumenta sua participação de mercado.

Já a empresa que assume a estratégia de **diferenciação** conquista vantagem por meio do uso da criatividade, da força de *marketing*, do *design*, da tecnologia, da distribuição e da união produto-serviço, recursos adotados para desenvolver produtos com características únicas, que atingem os clientes que os percebem como superiores aos existentes no mercado, de concorrência ou de substituição. Assim, o valor de venda é maior do que o valor dos produtos das empresas com foco em custos. Para constatar essa estratégia, basta pesquisar no Google quanto custa um *notebook* da Philips e quanto custa um da Apple; você verá que o da Philips é mais barato que o da Apple, pois este atinge um público diferenciado, mais exigente no uso da tecnologia.

Por fim, as empresas que adotam a estratégia do **foco** são aquelas que desbravam nichos de mercado, buscando excelência de qualidade e um meio-termo entre custo e diferenciação. Dessa maneira, tais empresas concentram seus esforços mercadológicos em segmentos de mercado mais restritos, para se especializarem e atenderem melhor os clientes.

4.7 Conceito e aplicação do 5W2H

Embora seja uma ferramenta simples, o 5W2H é extremamente importante em diversas áreas de gestão, sobretudo para a orientação estratégica. Ainda que sua aplicação tenha um maior referencial na gestão da qualidade, é uma ferramenta genérica de fácil adaptação e que permite ampliar a visão para a tomada de decisão.

A dinâmica de uso do 5W2H compreende a aplicação de questionamentos sobre o objeto para o qual se precisa de respostas. Logo, deve-se conhecer claramente o problema a ser analisado e, com isso, aplicar as perguntas que correspondem aos termos em inglês que compõem o nome da ferramenta: cinco que começam com W e dois que começam com H, como mostra o Quadro 4.1.

Quadro 4.1 – 5W2H

Termo em inglês	Tradução	Observação
What?	O quê?	O que será feito (etapas)?
Why?	Por quê?	Qual é a justificativa para a realização?
Where?	Onde?	Qual é o local de realização?
When?	Quando?	Em que momento (tempo)?
Who?	Quem?	De quem é a responsabilidade?
How?	Como?	Qual método será adotado?
How much?	Quanto?	Quanto vai custar?

É possível que alguma das perguntas não se aplique a certos casos. No entanto, sempre é bom reforçar o valor da investigação, para garantir que não haja situações não esclarecidas. A tomada de decisão depende de um conjunto de informações que contemple o máximo possível de detalhes, a fim de que não ocorram falhas ou situações inesperadas. Ou seja, o importante é compreender que, independentemente do assunto que está sendo investigado, as perguntas dessa ferramenta trazem uma visão ampliada do que se espera para o negócio. Desse modo, o direcionamento das ações pode ser mais efetivo, sem deixar de lado ponderações que podem alterar o fluxo da tomada de decisão.

Síntese

Neste capítulo, apresentamos ferramentas que fazem parte de um conjunto básico para o levantamento de informações do ambiente. Todas elas podem ser adaptadas a diferentes realidades, e o entendimento de seus conceitos pode trazer ao estrategista meios mais eficazes de compreender as possibilidades de atuação para atingir os objetivos organizacionais.

Apesar das regras iniciais para o uso das ferramentas, as quais devem ser aplicadas segundo a finalidade para a qual foram concebidas, tais recursos trazem em si conceitos que garantem a imparcialidade e a obtenção de dados importantes para o sucesso, fator que deve ser considerado quando são necessários diferentes meios para o levantamento de informações com particularidades específicas. O 5W2H, ferramenta apresentada no último tópico deste capítulo, é um dos recursos mais flexíveis para adaptação, uma vez que pode ser utilizado em qualquer área, com qualquer tipo de demanda, e permite evidenciar de maneira bem clara e simples as possibilidades de ação.

Estudo de caso

Em suas atividades de investigação profissional, João passou a adotar diversas ferramentas de gerenciamento estratégico. O 5W2H é uma delas, e João não abre mão de usá-lo, pois, para cada etapa de suas investigações, ele consegue elucidar melhor como as atividades serão desenvolvidas, além de transmitir mais facilmente aos demais envolvidos o que está acontecendo.

A seguir, vejamos como ficou a adaptação dessa ferramenta feita por João, o qual explica o que será feito para resolver um problema de vazamento de informações sob sua investigação.

Termo em inglês	Tradução	Resposta
What?	O quê?	Contratação de uma empresa de TI (tecnologia da informação) especializada em segurança de dados.
Why?	Por quê?	Para identificar possíveis vazamentos de informações e suas origens.
Where?	Onde?	Para atuar na sede da empresa contratante, em São Paulo.
When?	Quando?	No início do próximo mês.
Who?	Quem?	João.
How?	Como?	Será firmado contrato de prestação de serviços eventuais, com base nas especificações técnicas do problema e nas soluções desejadas.
How much?	Quanto?	Orçamento previsto de R$ 50.000,00.

Para saber mais

KOTLER, P. **Administração de marketing**: a edição do novo milênio. São Paulo: Prentice Hall, 2002.
É hora de aprofundar seus estudos sobre as ferramentas para a estratégia. Philip Kotler é um dos principais autores na área de *marketing* e estratégia, e com essa leitura você poderá compreender melhor as ferramentas e as possibilidades que elas trazem.

MORAES, D. Analise a concorrência com as 5 forças de Porter e potencialize os resultados do seu negócio! **Rock Content**, 20 mar. 2019. Blog. Disponível em: <https://rockcontent.com/blog/5-forcas-de-porter/>. Acesso em: 16 abr. 2020.
Leia esse texto para compreender as cinco forças de Porter na prática. Daniel Moraes apresenta alguns detalhes sobre essa poderosa ferramenta de análise de ambiente externo.

Questões para revisão

1. O ciclo de vida de produtos é composto por quatro fases (introdução, crescimento, maturidade e declínio), e sua análise serve para compreender as possibilidades de mercado de determinado produto ou serviço. Descreva a fase de maturidade e indique os cuidados que o estrategista deve ter ao considerar um produto que esteja nessa etapa do ciclo de vida.

2. Ao analisar as informações que vão influenciar nos resultados de uma organização, é preciso buscar aquelas que indiquem a situação do ambiente interno e do ambiente externo. Para isso, pode ser elaborada a matriz SWOT, que contempla os elementos dos dois ambientes, a fim de que possam ser compreendidas as possibilidades de atuação. Descreva os quatro itens da análise SWOT e cite os fatores relativos ao ambiente interno e ao ambiente externo.

3. A análise SWOT é uma ferramenta importante para que possam ser identificados os elementos do ambiente interno e do ambiente externo que permitirão a tomada de decisão assertiva. Nessa análise, os elementos do ambiente interno são:
   a) oportunidades e forças.
   b) oportunidades e ameaças.
   c) forças e fraquezas.
   d) forças e ameaças.
   e) fraquezas e ameaças.

4. Ao realizar a análise das cinco forças de Porter, o estrategista pode compreender onde estão as maiores oportunidades e ameaças conforme suas possibilidades de ação e ainda sob a ótica de clientes, fornecedores, concorrentes, substitutos e novos entrantes. Nesse contexto, os produtos que não estão na concorrência direta, mas que podem ser utilizados como alternativas aos produtos em questão referem-se a qual força?
   a) Concorrentes.
   b) Entrantes.
   c) Fornecedores.
   d) Clientes.
   e) Substitutos.

5. A ferramenta 5W2H é extremamente importante na gestão de tarefas e mesmo na gestão estratégica, pois possibilita compreender as características de um fenômeno, gerando um plano de ação. O processo do 5W2H consiste em:
   a) aplicar questões para estabelecer um plano de ação.
   b) compreender os custos de um plano de ação.
   c) buscar informações no ambiente externo.
   d) analisar as condições do ambiente interno.
   e) questionar se a estratégia decidida está correta.

Questões para reflexão

1. A análise SWOT corresponde à busca de entendimento acerca dos ambientes interno e externo. As forças e as fraquezas são próprias da empresa, portanto, internas, enquanto as oportunidades e as ameaças vêm do ambiente externo. Escolha uma organização ou uma situação que demande tomadas de decisão e reflita sobre esses quatro pontos da SWOT para o caso selecionado.

2. O 5W2H é uma ferramenta de fácil aplicação que pode ter seu uso adaptado a diversas situações. Escolha uma situação-problema de seu cotidiano (ou seja, que precise de uma tomada de decisão, como a compra de um veículo ou a matrícula em um curso) e aplique as perguntas do 5W2H para compreender melhor a dinâmica do aspecto em análise.

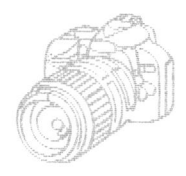

ANÁLISE DE DESEMPENHO DA ESTRATÉGIA NAS ORGANIZAÇÕES

Conteúdos do capítulo:
- A importância da análise de desempenho.
- Análise do ambiente interno.
- A questão do valor.
- A questão da raridade, da imitabilidade e da organização.
- Sustentação do desempenho.
- Posicionamento estratégico.

Após o estudo deste capítulo, você será capaz de:
1. compreender a importância da análise de desempenho em todas as funções gerenciais, mas principalmente para a obtenção de resultados nas estratégias, por meio do estabelecimento de métricas comparativas e pela leitura constante daquilo que já foi obtida;
2. adotar medidas para a análise de desempenho da estratégia, estabelecendo parâmetros para a comparação entre planejado e executado, de modo que o cumprimento dos objetivos não sofra desvios.

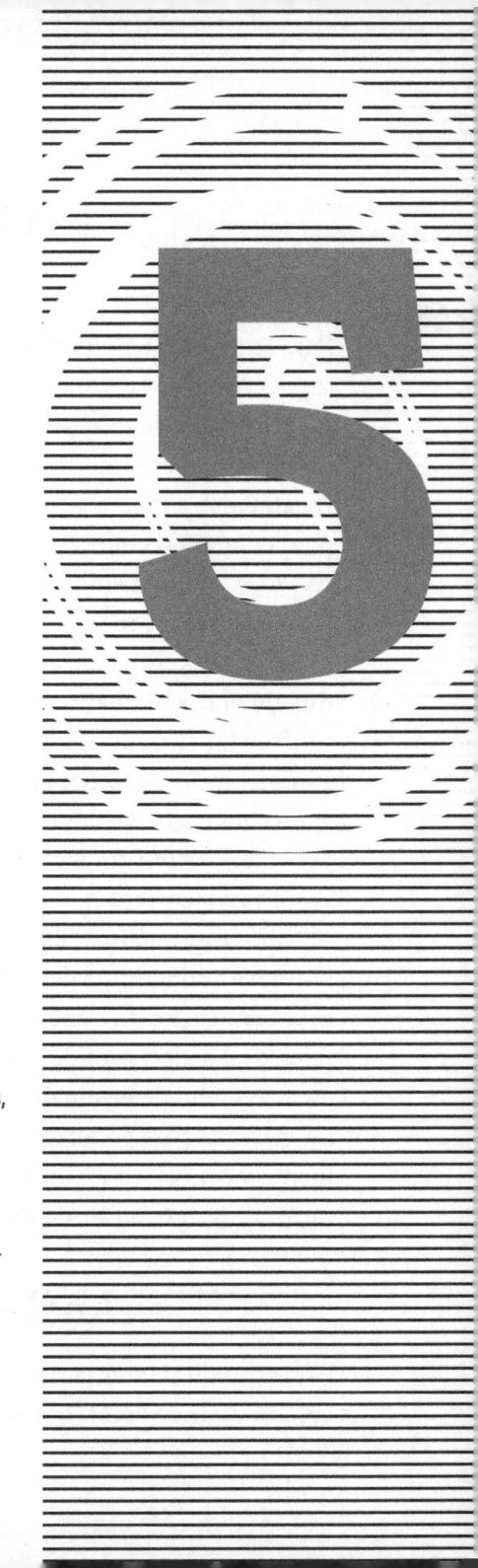

5.1 A importância da análise de desempenho

Para se manter no mercado, uma empresa deve conhecer suas vantagens competitivas, ou seja, suas vantagens internas, como os valores, a raridade de recursos e a possibilidade de imitação ou substituição de processos internos ou produtos por parte dos concorrentes. Igualmente, a organização deve estar atenta para sustentar o desempenho, lutando contra todas as ameaças, como a imitação, a substituição, o impedimento e a redução. Assim, ela se torna uma empresa mais forte, avançando com o acúmulo de competências, capacidades e habilidades, chegando a um grau de aprendizado organizacional que dificilmente será abatido em meio à rivalidade de mercado.

Para tanto, a empresa precisa conhecer as forças competitivas que a influenciam e que por ela são influenciadas, como o poder de barganha dos clientes e dos fornecedores, a ameaça de novos entrantes e de produtos substitutos e, principalmente, a intensidade da rivalidade entre os concorrentes.

Após essa análise, a empresa deve buscar examinar sua atual conjuntura e a conjuntura de mercado, para traçar uma estratégia de liderança em custo, diferenciação ou foco e, assim, posicionar-se como líder, desafiador, seguidor ou especialista.

Esses itens determinam como as informações devem ser buscadas no mercado para poder interpretar se os resultados pretendidos realmente são possíveis e, ainda, estabelecer as linhas de base para comparação após a execução, de forma a permitir a análise de desempenho.

5.2 Análise do ambiente interno

Para se analisar internamente, uma empresa pode adotar ferramentas como a análise SWOT, que na tradução para o português corresponde ao acrônimo FFOA, mas que no Brasil é mais conhecida como FOFA. Tal análise deve ir além das forças e das fraquezas.

Mintzberg et al. (2006, p. 102) afirmam que "No processo de preencher os 'espaços em branco internos' criados pela análise FFOA, os gerentes devem considerar quatro questões importantes sobre seus recursos e aptidões: (1) a questão de valor, (2) a questão de raridade, (3) a questão da imitabilidade e (4) a questão da organização".

A análise interna da organização compreende a identificação de seus recursos e de sua capacidade. Em outras palavras, é preciso verificar aquilo que será necessário para o bom funcionamento da empresa (recursos financeiros, físicos, humanos e organizacionais) e que garantirá vantagem em face dos competidores. Mintzberg et al. (2006) esclarecem que os recursos financeiros são o patrimônio da empresa, como créditos, débitos, contas a receber e a pagar, lucros e prejuízos. Já os recursos físicos correspondem a toda a estrutura da empresa, com suas máquinas, equipamentos e instalações. Os recursos humanos contemplam as pessoas que trabalham na empresa, as quais, independentemente de seus cargos, são detentoras de experiências e conhecimento. Por fim, os recursos organizacionais estão relacionados à forma de organização da empresa, com sua estrutura hierárquica, suas normas, seus sistemas de controle, sua história e sua cultura organizacional.

Tais conhecimentos se fazem necessários, pois vamos considerá-los quando tratarmos das estratégias genéricas.

5.3 A questão do valor

Segundo Mintzberg et al. (2006, p. 102), quando se aborda a questão do valor, é necessário fazer um questionamento: "os recursos e as capacidades da empresa agregam valor, permitindo que ela extrapole oportunidades e/ou neutralize ameaças?". Com essa reflexão, a empresa pode entender se ela consegue ter êxito no ambiente externo com o valor que agrega aos produtos e serviços.

Assim, ao analisar a cadeia de valores, a empresa consegue buscar a vantagem competitiva internamente para extrapolar para o ambiente externo. Para Mintzberg et al. (2006, p. 102-103),

> Ao responder à pergunta sobre valor, os executivos associam a análise de recursos e capacidades internas com a análise ambiental de oportunidades e ameaças. Os recursos das empresas não têm valor em um vácuo, ao contrário, têm valor apenas quando exploram oportunidades e/ou neutralizam ameaças.

Assim, além de buscar vantagem competitiva internamente e de considerar a questão do valor, a empresa deve se questionar sobre a raridade, como veremos na próxima seção.

5.4 A questão da raridade, da imitabilidade e da organização

Na busca pela vantagem competitiva interna, conforme Mintzberg et al. (2006, p. 103), "saber que os recursos e as capacidades de uma empresa são valiosos é uma consideração inicial importante para entender as fontes internas de vantagem competitiva". Nesse caso, os gestores devem se questionar sobre o quanto seus recursos são raros perante os recursos dos concorrentes, ou seja, o quanto seus recursos podem se destacar, como a tecnologia, a competência da mão de obra e os processos internos.

Em uma avalição de SWOT, tais recursos podem ser destacados como forças, as quais, se bem trabalhadas, podem se tornar uma ameaça para os concorrentes e uma oportunidade para a empresa. Porém, as organizações devem estar sempre alertas, pois a força pode ser apenas temporária se for facilmente imitada, e esta é uma questão de reconhecimento interno.

Embora os recursos e as capacidades devam ser raros entre empresas concorrentes para que sejam fonte de vantagem competitiva, isso não significa que recursos comuns, mas valiosos, não sejam importantes. Na verdade, tais recursos podem ser essenciais para a sobrevivência de uma empresa. Por outro lado, se os recursos de uma empresa são valiosos e raros, podem permitir que a empresa obtenha vantagem competitiva pelo menos temporária. (Mintzberg et al., 2006, p. 103)

A imitação pode ocorrer de duas formas: por **duplicação**, quando a empresa concorrente tenta imitar a vantagem competitiva, como a habilidade de fechar bons contratos, e por **substituição**, quando a empresa concorrente descobre uma forma de imitar os processos com recursos substitutos e muitas vezes mais baratos. A empresa deve estar atenta a essa ameaça e buscar valores como diferencial, pois estes não são facilmente copiados, tais como a força da marca, o relacionamento com o cliente e a cultura organizacional. Um exemplo é uma empresa reconhecida como uma das melhores para se trabalhar no Brasil – esta é uma posição difícil de ser imitada pelos principais concorrentes.

Ao terem o conhecimento dos valores internos, da raridade e da imitabilidade de recursos, competências, habilidades e capacidades, de acordo com Mintzberg et al. (2006, p. 104), os gestores devem questionar se "a empresa está organizada para explorar todo o potencial competitivo de seus recursos e aptidões". Ao fazerem esse questionamento, a resposta deve ser positiva, o que quer dizer que a organização encontra valores internos, raridades e difícil imitação baseados na infraestrutura, na estrutura hierárquica e nos sistemas de controle. Os autores esclarecem que esses elementos são os recursos complementares, que isoladamente têm capacidade limitada de gerar vantagem competitiva, mas que, ao serem combinados com outros recursos e outras capacidades, "podem permitir que uma empresa se dê conta de toda sua vantagem competitiva" (Mintzberg et al., 2006, p. 104).

Assim, a empresa deve voltar-se para si mesma, para seus processos internos, para sua capacidade de organizar-se e para a análise de sua cadeia de valor, a fim de que consiga deter recursos raros e não imitáveis pelos concorrentes.

5.5 Sustentação do desempenho

Quando se olha para dentro da organização, é possível compreender de onde vêm as vantagens competitivas. Além destas, é preciso identificar corretamente os recursos organizacionais que sustentam o desempenho, buscando-se meios para usar adequadamente cada um deles.

A seguir, veremos alguns aspectos aos quais a empresa deve estar atenta para que possa sustentar o desempenho.

5.5.1 Ameaças à sustentabilidade

Mintzberg et al. (2006) explicam que a base para ter um produto que gere posição superior no mercado, isto é, acima dos concorrentes, é a **escassez** e a **apropriabilidade**.

Quanto à escassez, os autores citam como exemplo o caso da atribuição de maior importância a uma pedra de diamante do que ao ar, já que este é abundante, ou seja, menos escasso que a pedra de diamante, e o "custo" para transformar o ar da atmosfera em ar para se respirar é mínimo se comparado com o "custo" para transformar um carvão em uma pedra de diamante. Assim, os custos para "obter e transformar o ar" são mais apropriáveis por conta dos concorrentes, o que faz outras empresas conseguirem absorver parte desse valor. Tendo isso em vista, Mintzberg et al. (2006) apontam quatro ameaças à sustentabilidade: imitação, substituição, impedimento e redução.

Imitação

Os concorrentes podem imitar as capacidades técnicas e obter tanto êxito que podem ultrapassá-las, ou seja, melhorá-las. Mintzberg et al. (2006, p. 105) defendem que "a forma mais óbvia de analisar a ameaça da imitação é descobrir que participantes serão mais afetados pela escolha estratégica da organização, avaliar suas possíveis respostas". Com isso, a empresa pode antever a ameaça da imitação.

No Quadro 5.1, estão descritas cinco formas de se manter como pioneiro e antecipar os passos para não ser imitado.

Quadro 5.1 – Cinco formas de se manter como pioneiro

Forma	Explicação
Informações privadas	O custo para manter informações privadas, que não podem ser copiadas ou imitadas, é bastante elevado. No entanto, enquanto for caro copiá-las, a organização estará protegida de imitações. Por isso é tão importante mover-se primeiro e ter acesso às melhores informações, além de criar meios para que elas não possam ser levadas para outras organizações. Ex.: um novo projeto de produto.
Economias de tamanho	Referem-se ao poder de compras e de aproveitamento de recursos como vantagem de uma organização de grande porte. A economia de escala está atrelada ao poder de ser grande, o que proporciona negociações melhores e aproveitamento de capacidade. A economia de aprendizado está ligada a vantagens oriundas da especialização ao longo do tempo. A economia de escopo corresponde à inter-relação entre as áreas de negócio para aumentar seu tamanho e sua participação. O conjunto dessas economias ajuda a inibir a imitação. Ex.: a empresa Unilever, com seus diversos produtos em várias áreas e todo o seu tempo de existência.
Contratos/ relações administrativas	Quem chega primeiro tem maior potencial para determinar as relações contratuais. Ex.: uma empresa moveleira que é a mais antiga e a pioneira do setor e que, por isso, pode fechar melhores contratos com fornecedores de madeira.

(continua)

(Quadro 5.1 – conclusão)

Forma	Explicação
Ameaça de retaliação	Os pioneiros costumam ter mais poder para ameaçar uma retaliação se comparados às empresas que estão tentando ganhar espaço. Ex.: uma empresa que deixa de entrar em um mercado, imitando a líder/pioneira, com medo de retaliações, como a guerra por preços, a qual ela não consegue combater.
Tempo de resposta	É um fator muito importante, pois a imitação exige certo período de tempo para que possa ser desenvolvida. Dessa forma, o pioneiro tem vantagem para estruturar a defesa e o contra-ataque a essas imitações. Ex.: uma empresa que lança um produto oriundo de imitação e, enquanto ainda está desbravando o mercado, pode ser atacada pela empresa pioneira

Fonte: Elaborado com base em Mintzberg et al., 2006, p. 105.

Ao analisarmos o quadro, podemos observar as maneiras possíveis de uma empresa pioneira deter os imitadores e não dar chances para que eles vinguem no mercado. Com certeza, você já deve ter ouvido falar de uma dessas estratégias; caso contrário, uma consulta rápida na internet lhe mostrará alguns exemplos. A ameaça de imitação pode ser controlada, dependendo do tempo da empresa e de seu pioneirismo; já a substituição não é tão simples assim.

Substituição

A empresa pode deter e sustentar seu desempenho pela capacidade do valor da escassez, porém, como essa capacidade pode ser imitada, ela também pode ser substituída. Mintzberg et al. (2006, p. 105) afirmam que a substituição pode existir por meio de vários fatores ambientais, como clientes, desenvolvimento de novas tecnologias, governo, leis regulamentadoras e preços de matéria-prima. Ou seja, o concorrente, ao ser beneficiado por uma mudança ambiental que a empresa não acompanhou – por não ter condições de antevê-la ou por miopia –, pode obter a capacidade substituta.

Dessa forma, o concorrente descobre um novo caminho para contornar o valor da escassez, mas, diferentemente da imitação, não se trata de um ataque. Nesse caso, cabe à empresa pioneira chegar antes, não permitindo que seus concorrentes obtenham tal diferencial antes dela.

No ramo de tecnologia, é muito comum as empresas criarem soluções tecnológicas em contexto inovador. Essas inovações nem sempre fazem parte de um processo de competição direta, pois as características dos produtos ou serviços são diferentes. É isso que causa impacto na escassez mencionada – o produto que antes não tinha concorrente agora pode ser substituído por outras opções, diminuindo a força do pioneiro.

Podemos exemplificar essa situação com a venda de câmeras fotográficas. Embora o aparelho de celular não seja um competidor direto das câmeras fotográficas, em muitos casos ele substitui a demanda destas. Os estrategistas devem estar atentos a essas situações para antecipar o entendimento sobre a substituição, direcionando as ações.

Impedimento

De acordo com Mintzberg et al. (2006, p. 106), "mesmo se o valor da escassez puder ser preservado contra a imitação e a substituição, não se pode considerar como certa a capacidade da organização de proceder corretamente". O impedimento se refere muito mais à negociação com os *stakeholders* do que à competição com os concorrentes, ou seja, está mais ligado à cooperação interna de todos os envolvidos na organização, os quais, por interesse próprio, podem acabar absorvendo o valor da escassez.

Por exemplo, quando uma empresa deixa de olhar seu desenvolvimento no longo prazo e suas decisões acabam por ruir sozinhas, alguns envolvidos, como os funcionários, podem tomar para si tais valores de forma a reduzir a fatia de ganho de todos. Nesse caso, a empresa deve rever sua capacidade organizacional para que esta não seja responsável pela extinção do negócio.

Redução

A redução, conforme Mintzberg et al. (2006, p. 106), "mede o quanto do valor da escassez percebido pela organização fica abaixo do potencial disponível". Refere-se, portanto, às perdas da empresa por conta de desperdícios, situação em que se perdem recursos que geram valor. Essa perda ocasiona a deficiência do valor de escassez, e assim a empresa não pode explorá-lo ao máximo. "Em outras palavras, o impedimento ameaça desviar o valor da escassez e a redução dissipa-o" (Mintzberg et al., 2006, p. 105).

5.5.2 Construção de vantagens competitivas

Para sustentar o desempenho, a empresa necessita construir vantagens competitivas sustentáveis. Segundo Mintzberg et al. (2006, p. 107), essa construção pode se basear em recursos ou atividades, ou ainda, as empresas podem adotar as duas práticas juntas.

Na visão baseada em **recursos**, estão presentes itens como a localização da empresa, aqueles que são legalmente inimitáveis por força de lei, a ambiguidade causal, em que não se consegue identificar o que faz uma empresa bem-sucedida funcionar, e a cultura organizacional ou complexidade social, entre outros que costumam ser limitados quanto à imitação.

De outro lado, na visão baseada em **atividades**, o olhar recai sobre o que é feito, e por isso a imitação pode levar bastante tempo, ou ainda custar mais, e até mesmo promover situações diferentes, pois está ligada ao dia a dia da empresa, a aquilo que é desempenhado pelas pessoas e ao uso dos recursos.

Portanto, a empresa deve buscar a excelência na utilização de seus recursos, como máquinas e equipamentos, pois o bom uso traz uma limitação para as empresas imitadoras e substitutas. Da mesma forma, deve desempenhar suas atividades com excelência, como na compra de insumos, nas vendas, na produção e na divisão operacional. Essa visão dá sustentação para a construção de vantagens competitivas. Por exemplo, a Coca-Cola é uma empresa que sabe muito bem utilizar seus recursos de produção, visto que muitas fábricas produzem ao longo do dia o que está sendo negociado pelos vendedores, para que a entrega se dê no dia seguinte. Essa é uma situação em que podemos ver o trabalho em conjunto de recursos e atividades. Se a atividade de vendas for ineficiente, vai influenciar o bom uso dos recursos e, assim, reduzir ou até extinguir a vantagem competitiva sustentável da empresa.

5.5.3 Desenvolvimento de capacidades

É preciso considerar o desenvolvimento das capacidades ao longo do tempo. Uma empresa pode, de forma gradual, acumular conhecimentos que, se analisados após um extenso período, veremos que são utilizados para sustentar o desempenho.

> Uma forma de se aproximar do conceito de capacidades organizacionais é refletir sobre o que as organizações fazem. Em uma determinada época, uma organização – seja um banco, uma empresa de biotecnologia ou uma instituição acadêmica – está engajada em um conjunto completo de atividades ou processos (fazendo empréstimos, pesquisando medicamentos, formando alunos, etc.) voltado para o desenvolvimento, produção e/ou entrega de conjunto de serviços e produtos escolhidos. As capacidades de uma organização caracterizam que atividades ela pode desempenhar dentro de um leque previsível de proficiência...
> (Mintzberg et al., 2006, p. 108-109)

Nesse caso, os conhecimentos acumulados ou a capacidade acumulada podem ser um grande diferencial, inibindo a imitação e a substituição, pois, como um grande quebra-cabeça, os concorrentes enxergam o todo e têm dificuldades em conhecer a reunião das partes, a montagem peça a peça que explique a figura completa.

Vale ressaltar que as capacidades estão enraizadas nos processos organizacionais, por meio dos quais a empresa consegue até mesmo chegar à escala de aprendizado, produzindo com custos menores que seus concorrentes, o que dificulta a cópia por imitação de processos ou substituição de processos.

Por esse motivo, é fundamental que a empresa mantenha um histórico de seus processos, para que enxergue o acúmulo de aprendizado no decorrer do tempo.

5.6 Posicionamento estratégico

Quanto ao posicionamento estratégico, Mintzberg et al. (2006) afirmam que a empresa deve optar pelas estratégias de liderança em custo, diferenciação ou foco. Porter (1990) defende que o posicionamento estratégico é a capacidade da empresa de desempenhar suas funções de forma diferenciada em relação a seus concorrentes e ser vista de modo distinto pelos concorrentes.

O tema desta seção, portanto, corresponde a uma junção dos tópicos estudados até este ponto e coloca-os de forma ordenada e lógica. Assim, veremos que uma empresa pode buscar posicionar-se de quatro formas:

1. ser líder ou definidora de regras;
2. ser seguidora de regras ou jogadora;
3. quebrar as regras ou ser desafiadora;
4. ser empresa especialista.

Mintzberg et al. (2006) apresentam um guia interessante para o posicionamento estratégico, com o uso de muitas metáforas. Os autores explicam que a empresa é uma organização que lança seus "projéteis" (tal como mísseis) em um mercado para alcançar um alvo, ou seja, para ocupar esse mercado, o que também é a intenção dos concorrentes.

Figura 5.1 – Desbravamento de mercado

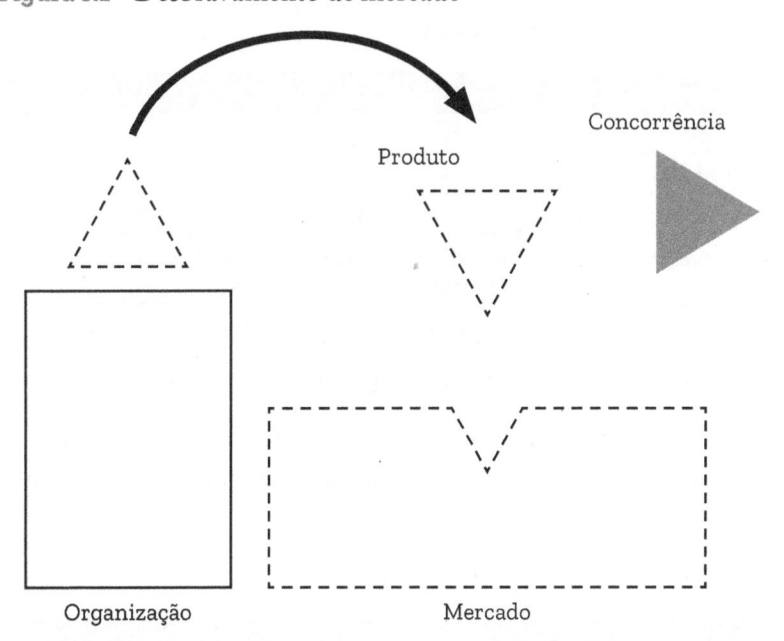

Fonte: Elaborado com base em Mintzberg et al., 2006, p. 122.

Para que a empresa tenha sucesso no "lançamento do projétil", deve olhar para suas vantagens competitivas internamente, mais especificamente para sua cadeia de valor. Nela, as atividades primárias e as de suporte, alinhadas às funções da empresa (formadas por conjuntos de competências, capacidades e habilidades), vão trazer vantagem competitiva e permitir que a empresa se defenda da rivalidade de mercado e crie valores para que não haja imitabilidade ou substituição. Como já mencionamos, à medida que a organização avança com suas competências, aumenta seu aprendizado, o que reduz os custos (Mintzberg et al., 2006, p. 122).

A composição inicial dos objetivos estratégicos é definida com base nas três estratégias genéricas de Porter, que vimos anteriormente, em um mercado que também apresenta formas diferenciadas, como mostra o Quadro 5.2.

Quadro 5.2 – Tipos de mercado

Tipo	Características
Mercado de massa	Grande e homogêneo
Mercado fragmentado	Com muitos nichos pequenos
Mercado segmentado	Com segmentos de demandas diferenciadas
Mercado restrito	Com poucos e ocasionais compradores, como no caso dos reatores nucleares
Mercados geográficos	Sob perspectivas globais, regionais e locais

Fonte: Elaborado com base em Mintzberg et al., 2006, p. 124-125.

Outro aspecto importante a ser considerado é a maturidade do mercado, descrita no Quadro 5.3, pois ela condiciona o tipo de esforço que deve ser empregado.

Quadro 5.3 – Maturidade do mercado

Maturidade	Características
Mercado emergente	Mercado jovem e que ainda não está definido claramente.
Mercado estabelecido	Mercado maduro, claramente definido.
Mercado desgastado	Mercado que já está entrando em declínio.
Mercado em erupção	Mercado que está passando por mudanças desestabilizadoras.

Fonte: Elaborado com base em Mintzberg et al., 2006, p. 125.

A seguir, abordaremos as formas de posicionamento no mercado que uma empresa pode adotar.

5.6.1 Formas de posicionamento de mercado

Ao analisar as características do mercado em que está atuando, a organização pode se posicionar corretamente. Essa análise deve considerar as forças competitivas anteriormente explicadas, em conjunto com as vantagens competitivas identificadas e as formas de sustentação de desempenho. Desse modo, a empresa pode compreender quais estratégias melhor se adaptam à sua situação e selecionar uma das formas de posicionamento citadas por Elaina (2011a), que são: líder de mercado, desafiador de mercado, seguidor de mercado e especialista.

Na categoria **líder de mercado** estão enquadradas empresas reconhecidas e que atuam em um ambiente no qual o nível de competição não é tão agressivo. Essas empresas precisam ter condições de se manterem em uma posição de liderança de mercado ao longo do tempo. A posição de líder não é confortável, pois demanda proteção para não perder a posição e a busca por expansão de mercado, com a ampliação de sua atuação. Até mesmo a redução de custos pode ser uma condição importante.

Por outro lado, **desafiadoras de mercado** são as empresas que não detêm a liderança, mas atuam em um setor caracterizado pela presença de um líder. Esse tipo de empresa está constantemente tentando ganhar espaço no mercado, desafiando não somente o líder, mas os demais concorrentes. O objetivo desse tipo de empresa influencia na força de sua atuação, e ela deve ter claramente estabelecido aonde quer chegar em seu contexto de atuação. Nesse caso, podemos entender que se trata de uma empresa com seus valores internos bem definidos, os quais podem ser transformados em vantagem competitiva para atacar seu rival. Elaina (2011a) descreve as formas de ataque que o desafiador pode utilizar:

- Ataque frontal: a empresa ataca diretamente o seu rival com produtos, preços e distribuição. Foco nas forças e não fraquezas do oponente.
- Ataque de flanco: a empresa ataca os "flancos" mais fracos dos concorrentes que se descuidaram ou de falhas que podem ser aproveitadas a seu favor.
- Ataque de "cerco": a empresa ataca o concorrente de diversas formas e em todas as direções sem que ele tenha chances de se defender.
- Ataque "bypass": a empresa ataca indiretamente o concorrente, pois desenvolve produtos diferentes para alcançá-lo.
- Ataque de guerrilha: a empresa menor ataca a maior. É de alto risco, pois pode reverter a situação e a empresa maior querer atacar a menor.

Já as **seguidoras de mercado** aparecem em um momento diferente, ou pelo fato de não terem condições e recursos para um ataque, ou pelo fato de o líder ser muito resistente. Essa resistência do líder pode acontecer por sua tradição, por capacidade técnica ou mesmo por poder econômico. É por isso que ser seguidor pode ser interessante, pois é menos desgastante para quem está competindo. Elaina (2011a) afirma que as opções de um seguidor de mercado são:

- Clonadoras: copiam o líder de todas as formas através de produtos, preços, distribuição, promoção, etc.
- Imitadoras: copiam o líder em alguns aspectos, mas diferenciam-se um pouco pela embalagem utilizada, campanha, etc.
- Adaptadas: usam o líder apenas como base e focam em mercados diferentes.

Por fim, as organizações **especialistas** são aquelas que se especializam somente em uma parte do mercado, com características específicas, evitando entrar em confronto com grandes competidores. Atuam, portanto, com nichos que não são explorados por outras empresas. Um fator importantíssimo para esse tipo de estratégia é a especialização no nicho específico e o conhecimento total do perfil dos consumidores. No entanto, esses segmentos costumam ser relativamente pequenos.

Para entender melhor cada uma dessas formas de posicionamento, observe alguns exemplos no Quadro 5.4.

Quadro 5.4 – Exemplos de posicionamento estratégico

Posicionamento	Exemplo
Líder	Rede Globo
Desafiador	Record
Seguidor	Dolly Guaraná
Especialista	Apple

Desse modo, fica claro por que primeiro a empresa precisa olhar para dentro e depois para fora. Com a matriz SWOT, que vimos anteriormente, a organização pode entender como está o setor em que ela atua e, assim, "fincar" seu posicionamento. Por exemplo, a Rede Record é tão desafiadora da Rede Globo que seu antigo *slogan* era: "Record – Rumo à liderança". Além disso, uma das influências mais importantes no posicionamento da organização são os clientes, pois são eles que enxergam os valores nas empresas que as tornam competitivas.

Por fim, a grande questão para se obter valor é focar o desempenho da empresa e identificar quais são suas vantagens competitivas internas e como estas podem se tornar vantagens competitivas externas. Acima de tudo, ´é preciso manter o desempenho para que a empresa não seja ultrapassada ou tenha seus produtos imitados ou substituídos. Uma organização forte é aquela que consegue desenvolver bem suas competências, suas capacidades e suas habilidades de forma a se destacar no mercado.

Síntese

Neste capítulo, vimos que estabelecer parâmetros para atingir os objetivos é extremamente importante. No entanto, se essas definições não forem seguidas de acordo com o que foi proposto, certamente o resultado será diferente do esperado, já que o desempenho está atrelado aos meios criados para a comparação entre planejado e executado, de modo que se possa acompanhar o andamento das tarefas e fazer os ajustes necessários ao longo do trajeto.

Além disso, tratamos das escolhas realizadas pelos estrategistas, as quais também influenciam no desempenho organizacional. Nesse contexto, ´é preciso ter cuidado para que as propostas realmente estejam alinhadas com as possibilidades do ambiente. O bom conhecimento do meio em que a empresa está inserida e dos demais atores presentes nele vai proporcionar ao estrategista um melhor entendimento de como deve ser a atuação para se obter o desempenho esperado.

Estudo de caso

Ao ter dificuldade para manter um nível mais elevado de preços nas negociações com os clientes de seu escritório de investigação profissional, reconhecido como líder de mercado, Marcelo decidiu que precisaria modificar suas estratégias, buscando vantagem competitiva. O nível de serviços entre as empresas concorrentes estava muito similar, e a competição apenas por preços estava prejudicando os resultados.

Assim, Marcelo organizou alguns processos de diferenciação para seus serviços, com o objetivo de reduzir a imitabilidade, e escolheu trabalhar com algumas ferramentas que tornavam seus serviços mais rápidos e precisos. Ademais, procurou identificar para qual segmento de mercado iria oferecer esses diferenciais, elaborando cálculos do retorno que essa agilidade traria em termos financeiros a esses clientes.

Esses parâmetros calculados permitiram a avaliação do desempenho das atividades e o aumento da acurácia no fechamento dos contratos posteriores. Desse modo, a organização passou a ter como foco a atualização constante, sempre modificando suas ações para se manter líder.

Para saber mais

NOGUEIRA, C. S. **Planejamento estratégico**. São Paulo: Pearson Education do Brasil, 2015.
Que tal aprofundar os estudos sobre análise de desempenho da estratégia nas organizações? Nessa obra, você poderá compreender melhor as possibilidades estratégicas, principalmente quanto às formas para análise de desempenho.

Questões para revisão

1. Mintzberg et al. (2006) explicam que, na busca por vantagem competitiva, a raridade perante a concorrência é um fator importante na geração de valor para o cliente. Quais são as duas formas de imitação apresentadas pelos autores?

2. No contexto da sustentação do desempenho, Mintzberg et al. (2006) afirmam que ela pode ser decorrente de recursos e/ou atividades. Por que a sustentação baseada em atividades muitas vezes é mais vantajosa do que a sustentação baseada em recursos?

3. Após a análise do mercado, a organização deve adotar uma forma de posicionamento. Se a organização não é líder e há um forte líder no segmento, recomenda-se que a empresa desafie a todos do segmento, até atacar empresas de pequeno porte. A qual forma de posicionamento corresponde essa descrição?
   a) Líder de mercado.
   b) Desafiador de mercado.
   c) Seguidor de mercado.
   d) Especialista de mercado.
   e) Analista de mercado.

4. Para obter vantagem competitiva, algumas características são importantes no contexto da gestão, as quais permitem à empresa manter-se como pioneira e antecipar passos para não ser imitada. Mintzberg et al. (2006) apresentam cinco formas para isso. A qual das cinco formas estão atrelados os conceitos de escala, escopo e aprendizado?
   a) Tempo de resposta.
   b) Ameaça de retaliação.
   c) Informações privadas.
   d) Economias de tamanho.
   e) Contratos/relações administrativas.

5. A identificação do tipo de mercado em que a empresa atua possibilita identificar a estratégia adequada – baixo custo, diferenciação ou foco – para a obtenção dos resultados pretendidos. Qual dos mercados a seguir tem como característica ser grande e homogêneo?

a) Mercado de massa.
b) Mercado fragmentado.
c) Mercado segmentado.
d) Mercado restrito.
e) Mercado geográfico.

Questões para reflexão

1. O posicionamento estratégico é muito importante em todas as organizações, para que elas direcionem suas atividades e possam resguardar seus interesses. O entendimento sobre o mercado em que a empresa está atuando é necessário para definir seu posicionamento, aproveitar as vantagens competitivas internas e possibilitar a sustentação de seu desempenho. Elaina (2011a) e Mintzberg et al. (2006) apresentam como posicionamentos possíveis: líder, desafiador, seguidor e especialista. Reflita sobre como esses posicionamentos impactam o trabalho do investigador profissional e as organizações de investigação profissional.

2. Para sustentar o desempenho, é preciso construir uma vantagem competitiva, o que pode ocorrer por meio de recursos ou de atividades. Contextualize e exemplifique como cada uma dessas duas condições pode ser realizada pelo investigador profissional.

APLICAÇÕES NA INVESTIGAÇÃO PROFISSIONAL

Conteúdos do capítulo:
- A estratégia para a gestão dos negócios de investigação profissional.
- O investigador profissional estrategista.
- Utilização das ferramentas para a estratégia no negócio da investigação profissional.
- PDCA e gestão estratégica na investigação profissional.
- Desempenho estratégico na investigação profissional.
- Planejamento e acompanhamento da investigação profissional.

Após o estudo deste capítulo, você será capaz de:
1. compreender as diferentes possibilidades de aplicação do conhecimento em estratégia no campo de atuação do investigador profissional;
2. aprimorar o trabalho tanto da gestão de uma empresa de investigação profissional quanto do investigador profissional, estabelecendo parâmetros

estratégicos, melhorando as técnicas e ampliando o potencial de resultados por meio de planejamento e tomada de decisão adequado;
3. adotar o ciclo PDCA para o desenvolvimento das atividades;
4. fazer o planejamento e o acompanhamento da investigação profissional.

6.1 A estratégia para a gestão dos negócios de investigação profissional

Ao longo desta obra, estamos apresentando diversos conhecimentos e ferramentas que são comumente utilizados para a administração estratégica. É importante compreender que nosso objeto de estudo é a aplicação desses conteúdos no trabalho de investigação profissional, seja para gerenciar uma empresa de investigação, seja para gerenciar as atividades de investigação em si.

Uma organização de investigação profissional não difere, em sua essência, de outras organizações, pois deve planejar suas atividades para que possa atingir os objetivos estabelecidos e, assim, obter os resultados esperados, com os lucros e a relação entre investimento e retorno pretendidos.

O mercado de investigação profissional também não é diferente de outros mercados: está em constante mutação, pois as demandas vão se modificando em função de questões tecnológicas, políticas, sociais, ambientais, econômicas etc. A cada momento, surgem novas necessidades, e a ênfase das atividades acaba se apoiando nas novas realidades.

Assim, podemos considerar que, em determinados momentos, a investigação profissional está mais direcionada a ações empresariais, nas quais há liberdade de atuação e menos restrições. Em outros momentos, com a aprovação de uma lei, por exemplo, a investigação pode ter mais liberdade para a atuação paralela ao poder policial e, com isso, novas oportunidades direcionam a tomada de decisão dos gestores de negócios de investigação profissional.

Nesse contexto, o gestor de uma empresa de investigação profissional deve adotar os elementos que apresentamos ao longo deste livro, para trazer melhores resultados à organização que está conduzindo, proporcionando vantagem competitiva em um ambiente no qual a concorrência faz com que todos acelerem suas atividades. Para isso, o gestor deve acompanhar de modo imparcial as informações sobre os ambientes interno e externo, elaborar cenários, estabelecer objetivos, planejar, utilizar ferramentas de medição de desempenho e corrigir o rumo da atuação empresarial sempre que necessário.

6.2 O investigador profissional estrategista

Como especialista na área de investigação, o investigador profissional deve utilizar os conceitos de administração estratégica para cada caso em que trabalhará, garantindo que os resultados sejam efetivos, de forma a satisfazer as demandas de seus clientes.

Quando analisamos casos de investigação profissional, podemos claramente perceber que todos eles compreendem um objetivo claro a ser cumprido. No entanto, cuidados devem ser tomados para que a investigação seja elucidada corretamente, sem interferências e sem distorção de fatos.

Ao considerarmos as prerrogativas da investigação profissional, identificamos que, conforme os objetivos estabelecidos, o investigador deve buscar meios para obter vantagem em face dos diversos oponentes que surgirão no caminho para a recuperação das informações que condizem com a verdade ou com a correta descrição dos fatos. Como exemplo, podemos citar as entrevistas com atores do fato ou com testemunhas. Elas devem ser elaboradas de forma estratégica para cruzar as informações obtidas, de modo a validar corretamente o contexto em análise. Quando se leva em conta apenas um único relato, sem o cruzamento de perguntas, as informações podem ser recebidas com distorções que desviarão os resultados do processo investigativo.

Portanto, o correto estabelecimento de estratégias bem como o uso de ferramentas que permitam considerar o desempenho das atividades vão permitir elucidar casos de uma maneira mais precisa e imparcial, garantindo-se os resultados esperados pelos envolvidos, sem prejuízos a nenhuma das partes. Por esse motivo, o investigador profissional deve agir como um estrategista, sobretudo para que não seja previsível, o que lhe dará vantagem em face dos interesses de distorção das informações, as quais sempre interessam a pelo menos uma das partes envolvidas nos casos de investigação.

6.3 Utilização das ferramentas para a estratégia no negócio da investigação profissional

As ferramentas apresentadas nesta obra – e outras de igual importância que não foram contempladas, mas que são muito empregadas no contexto estratégico – podem facilitar muito o trabalho dos investigadores profissionais tanto na gestão de suas organizações como nas atividades de investigação propriamente ditas.

As estratégias não surgem como elementos completos de uma única vez; elas advêm de um passo a passo, conforme a organização busca mais informações e aprende, e podem adaptar-se às mudanças que estão ocorrendo (Alves Filho; Salm, 2000, p. 11).

Da mesma forma, o investigador aprende a cada dia com sua atuação no mercado, compreendendo novas condições que vão permitir o direcionamento e a tomada de decisão em suas atividades. Na sequência, vamos abordar as ferramentas que já descrevemos com algumas de suas possibilidades para a aplicação pelo investigador profissional.

As **forças competitivas de Porter** evidenciam a necessidade de compreender o ambiente externo para tomar as decisões estratégicas, ou seja, entender os elementos que estão de fato próximos à organização ou ao objeto em análise. É possível adaptar os aspectos dessa ferramenta a diferentes realidades, com foco no estabelecimento de relações que vão esclarecer quais itens demandam mais cuidado e quais oferecem as melhores oportunidades para a atuação.

Como complemento dessa ferramenta de Porter, a **análise SWOT** possibilita a comparação dos elementos externos, que correspondem às oportunidades e às ameaças, com aquilo que é próprio, controlável, ou interno, que são as forças e as fraquezas. Para exemplificarmos essa correlação no contexto da investigação profissional, apresentamos a seguir o Quadro 6.1.

Quadro 6.1 – Exemplo de análise SWOT para a investigação profissional

	Pontos positivos	**Pontos negativos**
Ambiente externo	**Oportunidades**	**Ameaças**
	Crescimento da procura por investigação profissional. Legislação que reconhece a investigação profissional no campo de atuação. Aumento da diversidade de áreas de atuação com a investigação profissional.	Grande número de profissionais entrando no mercado. Medo de alguns potenciais clientes em razão da existência de investigadores não qualificados no mercado.
Ambiente interno	**Forças**	**Fraquezas**
	Experiência dos investigadores profissionais da organização. Carteira de clientes já consolidada. Marca reconhecida no mercado. Equipamentos modernos.	Custo elevado para manter equipe e equipamentos. Baixa velocidade de crescimento (para manter a qualidade).

No quadro anterior, estão relacionados os elementos que, de certa maneira, darão condições para direcionar as ações. Nesse caso, as fraquezas demonstram que, se a empresa crescer rapidamente, poderá não sustentar os itens que foram inicialmente identificados como forças. Portanto, é preciso conduzir todas as decisões ponderando-se as consequências.

Os elementos apresentados no **ciclo de vida do produto** também são pertinentes para o investigador profissional, sobretudo para compreender a necessidade de mudança de foco de ação quando determinados serviços já estiverem em sua maturidade ou declínio. Essa ferramenta ainda pode auxiliar na análise do começo, meio e fim de um negócio e de diversas atividades.

Embora os conceitos das **estratégias genéricas** não se façam tão úteis para a investigação profissional em si, para o gestor de negócios de investigação conferem uma percepção clara a respeito de como a organização deve atuar. Em alguns casos, pode ser interessante o enfoque de liderança em custo; em outros, o de foco ou o de diferenciação. Como já mencionamos, os diferentes enfoques vão trazer resultados também diferentes e devem estar atrelados ao tipo de segmento a que a empresa pretende atender.

A ferramenta que, com certeza, pode ser utilizada com muita frequência pelo investigador profissional e também pelo gestor de negócios de investigação é o **5W2H**. De forma simples, indica o direcionamento inicial para a solução de problemas diversos, identificando os elementos básicos que conduzirão ao atendimento dos objetivos.

Como essa ferramenta facilita o processo de organização dos itens a serem trabalhados, o investigador profissional tem como dedicar-se ao desenvolvimento de um processo assertivo, que será mais efetivo caso sejam utilizados métodos participativos como o *brainstorming*, o qual permite identificar um maior número de possibilidades de respostas antes da escolha daquela que é ideal para o caso em questão.

Por fim, a aplicação das ferramentas difere de organização para organização e também pode ser diferente no uso na gestão ou nos casos de investigação profissional. De qualquer forma, o ajuste e a flexibilização desses recursos tendem a dar agilidade e robustez à busca de soluções para as diversas situações que se apresentam.

6.4 PDCA e gestão estratégica na investigação profissional

O papel do gestor está atrelado ao uso de conhecimentos para o desempenho de algumas funções específicas, que direcionem ações para resultados, com base em objetivos claros e bem estabelecidos. De acordo com alguns pensadores, Chiavenato (2004) contextualiza diferentes conceitos sobre as funções do administrador, que envolvem basicamente a lógica de planejar, organizar, dirigir e controlar. Esses conceitos evoluíram até um modelo mais usual no mercado, o PDCA, que traz clareza e facilidade para o processo de gestão. O acrônimo PDCA vem dos termos em inglês *Plan* (planejar), *Do* (executar), *Check* (verificar) e *Act* (agir) (Deming, 2003).

A aplicação do PDCA é bastante simples. Inicialmente, existe a necessidade de estabelecer objetivos e então planejar para que esses objetivos sejam atingidos. Para o investigador profissional, os objetivos e o plano de ação podem estar vinculados tanto a um caso como aos processos de gestão da empresa.

Após o planejamento, que deve contemplar as estratégias (notemos, portanto, a importância das estratégias no planejamento, pois elas dão a flexibilidade necessária para garantir que os objetivos sejam atingidos em um ambiente dinâmico), começa a execução das atividades. A execução precisa ser realizada tal qual o planejado. Paralelamente, deve acontecer a verificação, ou monitoramento e controle, como se costuma denominar no dia a dia. Para essa verificação, o investigador deve criar documentação ou outros meios que permitam registrar os resultados, de modo a possibilitar o acesso à informação e a comparação com os parâmetros planejados.

Por fim, inicia-se a ação, que corresponde à intervenção cada vez que algo executado não esteja equivalente ao que foi planejado. Ao encontrar situações em desacordo, o gestor deve verificar se o problema está na execução ou no planejamento. Caso o erro esteja na execução, deve buscar meios de retrabalhar e corrigir; se o erro for de planejamento, deve identificar se há outros itens que precisam ser ajustados.

A ação é também parte do processo estratégico, portanto o investigador profissional deve ter a clareza de que, durante a execução, o monitoramento e o controle vão permitir compreender qual deve ser o direcionamento de cada ação, com base no conjunto estratégico inicialmente planejado.

6.5 Desempenho estratégico na investigação profissional

Analisar o desempenho é uma condição importante no contexto de gestão e deve ocorrer nas mais diversas atividades para assegurar que os resultados de fato estejam simétricos com os objetivos traçados, possibilitando que os recursos, como o tempo, sejam aproveitados de forma eficaz.

A análise de desempenho é um conceito de compreensão muito simples, mas que demanda cuidados no estabelecimento dos elementos fundamentais que serão medidos. Ou seja, é necessário cuidar com o planejamento para que, com base nele, seja possível posteriormente haver um bom desempenho na execução. Basicamente, devem-se definir as linhas de base, ou os elementos a serem analisados, e estabelecer meios para medir ou verificar se os resultados estão sendo equivalentes a essas linhas de base.

Na investigação profissional, a análise de desempenho pode ser empregada tanto na gestão de negócios como nas atividades de investigação. Embora as linhas de base sejam bastante distintas para essas duas demandas, o conceito é o mesmo, o que simplifica a medição de desempenho.

Lembramos que, assim como outras atividades empresariais, as atividades de investigação profissional requerem um planejamento para identificar as tarefas que serão executadas, com prazo de execução e recursos necessários, criando-se um plano de ação com cronograma e demais itens que darão suporte à realização. Assim, tais elementos geram as linhas de base para a execução das atividades, que devem ser analisadas a cada etapa para verificar se o desempenho está de acordo com o planejamento ou se correções são necessárias.

Quanto maior for a acurácia do desempenho, mais próximos os resultados financeiros estarão daquilo que foi previamente orçado. Além disso, maior será a satisfação dos clientes, que receberão retorno conforme os prazos e as condições estabelecidos.

Como as atividades de investigação profissional ainda são desconhecidas por muitos e por se tratar de um serviço (ou seja, é intangível), é ainda mais necessário conduzir sua execução conforme critérios bem planejados e controlados.

6.6 Planejamento e acompanhamento da investigação profissional

O planejamento estratégico na investigação profissional deve levar em conta todos os itens que relacionamos ao longo desta obra, para que o investigador possa ter sucesso em suas atividades e sair à frente de seus oponentes.

Ao iniciar a atuação em um caso, o gestor deve levantar todas as informações possíveis sobre o ambiente em que está atuando, considerando todas as condições externas, como as informações sobre o ambiente no qual ocorreu o evento, e todas as variáveis que podem estar influenciando o contexto. O gestor também deve levar em conta o ambiente interno, pesquisando as características que podem contribuir para elucidar o caso.

Portanto, podemos notar que a informação é a base inicial para dar sequência a um bom planejamento e que a estruturação correta do planejamento permitirá o alcance dos melhores resultados. As ferramentas vão facilitar substancialmente o entendimento das informações para o planejamento. O PDCA, que discutimos neste capítulo, apresenta a lógica de planejamento e acompanhamento para agir sobre aquilo que não estiver de acordo com o planejado/executado.

Ao desenvolver o planejamento, é preciso fazer um detalhamento substancial daquilo que será realizado, para ter clareza daquilo que se quer atingir. A ferramenta 5W2H pode auxiliar a ampliar esse direcionamento, trazendo a compreensão sobre cada atividade. No Quadro 6.2, propomos um exemplo da aplicação do 5W2H na investigação profissional.

Quadro 6.2 – Exemplo de aplicação do 5W2H na investigação profissional

Termo em inglês	Termo em português	Descrição
What?	O quê?	Recuperação das imagens das câmeras do pátio de carga e descarga.
Why?	Por quê?	Para verificar as movimentações de caminhões no pátio no período de 12/09 a 25/09.
Where?	Onde?	Departamento de Segurança e Monitoramento.
When?	Quando?	Em 11/10.
Who?	Quem?	Gerente de segurança e monitoramento.

(continua)

(Quadro 6.2 – conclusão)

Termo em inglês	Termo em português	Descrição
How?	Como?	A equipe de segurança e monitoramento, em conjunto com a equipe de investigação, fará a revisão das imagens das câmeras para identificar as anomalias.
How much?	Quanto?	Não se aplica.

Notemos como é simples a utilização da ferramenta 5W2H na investigação profissional. A aplicação deve ser feita para cada uma das atividades a serem realizadas, garantindo que os envolvidos tenham condições de executar corretamente aquilo que foi proposto e, ainda, que seja aprovada a execução das tarefas, sobretudo quando houver custos envolvidos.

Outro aspecto que deve ser compreendido com esse exemplo é que o uso adequado das ferramentas dá subsídios para que se possa acompanhar o desempenho das tarefas, pois, agora que foram descritas, devem ser executadas tal como foram concebidas.

Portanto, cabe enfatizar que, em suas atividades, o investigador profissional deve sempre estar atento a todas as informações que podem ajudá-lo a solucionar os casos. A correta organização dessas informações resulta em ganho de tempo e maior assertividade.

Síntese

Neste capítulo, vimos que os conceitos e as ferramentas que apresentamos ao longo desta obra podem ser ampla e cuidadosamente aplicados na investigação profissional, seja na gestão de organizações, seja nas atividades cotidianas do investigador profissional.

Tratamos da importância de os profissionais da área estarem cientes de que a atuação com objetivos claros e planejamento conciso proporciona resultados segundo as condições esperadas, ampliando a confiabilidade da empresa perante os clientes e aumentando a lucratividade dos negócios.

Assim, a utilização correta das ferramentas expostas auxilia na condução das atividades e também no gerenciamento organizacional. Para tal, é preciso estabelecer parâmetros de base para a medição do desempenho, de modo a gerar informações que permitam gerenciar melhor os resultados.

Estudo de caso

A investigadora profissional Helena acabou de ser encarregada da investigação de um caso de desvio de carga em um terminal portuário.

Depois de identificar o objetivo do trabalho, ela começou a planejar, ou seja, criou um plano de ação para o processo de investigação. Para o planejamento, Helena precisou reunir diversas informações sobre o ambiente em que iria atuar, procurando compreender as situações externas ao terminal e também as rotinas e outras características internas, como os postos de trabalho e os colaboradores que neles atuam. O plano de ação incluiu também uma análise SWOT e diversas aplicações do 5W2H.

Com tudo devidamente planejado, Helena começou a executar sua tarefa. Enquanto cada item era abordado, fazia constante verificação dos resultados, comparando-os com seu planejamento. Em determinado momento, Helena percebeu uma falha no planejamento, que não contemplou a verificação de uma empresa terceirizada que fazia coletas esporádicas de resíduos no terminal. Prontamente, a investigadora ajustou seu planejamento e continuou com a execução de suas atividades.

Para saber mais

GOMES, L. Ferramentas para detetive particular: conheça as mais utilizadas. **Meu Caro Watson**, 23 mar. 2017. Disponível em: <http://meucarowatson.com/ferramentas-para-detetive-particular-conheca-as-mais-utilizadas/>. Acesso em: 16 abr. 2020.

Como este livro justamente aborda a estratégia na investigação profissional, você pode conhecer um pouco mais sobre as ferramentas mais utilizadas pelo detetive particular nesse material de Luiz Gomes.

SEBASTIANY, A. P. et al. A utilização da ciência forense e da investigação criminal como estratégia didática na compreensão de conceitos científicos. **Educación Química**, México, v. 24, n. 1, enero 2013. Disponível em: <http://www.scielo.org.mx/scielo.php?script=sci_arttext&pid=S0187-893X2013000100009>. Acesso em: 16 abr. 2020.

Áreas de forte atuação e grande importância para o investigador profissional são as ciências forenses e a investigação criminal. Esse texto de Ana Paula Sebastiany e outros pesquisadores traz uma visão mais clara sobre a utilização dos conhecimentos dessas áreas como estratégia na compreensão de conceitos científicos.

Questões para revisão

1. A área de investigação profissional demanda claramente a aplicação dos conceitos da administração estratégica tanto para o trabalho do investigador profissional quanto para a gestão das organizações de investigação. Explique por que o investigador profissional deve ser um estrategista.

2. As ferramentas estratégicas que abordamos nesta obra são extremamente úteis para a área de investigação profissional. Qual é a importância da ferramenta 5W2H para o investigador profissional?

3. Ao aplicar as ferramentas de estratégia nos negócios de investigação profissional, amplia-se a possibilidade de obtenção de desempenho equivalente ao planejado. A ferramenta que permite compreender os ambientes interno e externo é:
   a) o 5W2H.
   b) a análise SWOT.
   c) as cinco forças de Porter.
   d) as estratégias genéricas.
   e) a análise do ciclo de vida.

4. As ferramentas de estratégia podem ser utilizadas tanto para as atividades de investigação profissional como para a gestão dos negócios de investigação, mas precisam ser adaptadas de acordo com a demanda. Qual das ferramentas a seguir possibilita compreender as informações do ambiente externo e precisa de adaptação para ser aplicada à investigação profissional?
   a) 5W2H.
   b) Análise SWOT.
   c) Cinco forças de Porter.
   d) Estratégias genéricas.
   e) Análise do ciclo de vida.

5. Em qualquer atividade, e na investigação profissional não é diferente, avaliar o desempenho é uma tarefa extremamente importante, que vai garantir o alcance dos resultados esperados, corrigindo as falhas durante a execução. Qual das alternativas a seguir corresponde ao conceito de análise de desempenho?

a) Comparar o que está sendo realizado com os resultados da concorrência.
b) Comparar o que está sendo realizado com o melhor resultado possível.
c) Comparar o que está sendo realizado com os resultados do cliente.
d) Comparar o que está sendo realizado com os interesses do cliente.
e) Comparar o que está sendo realizado com as linhas de base.

Questões para reflexão

1. Reflita como o papel do estrategista está presente nas atividades do investigador profissional, para que ele possa obter sucesso nos casos que está investigando.

2. Considerando diferentes contextos do cotidiano, identifique como a análise de desempenho pode acarretar melhores resultados por meio da comparação entre previsto e realizado.

considerações finais

Nesta obra, vimos que o investigador profissional deve ser um estrategista para atuar em suas atividades rotineiras, pois estas demandam o estabelecimento de objetivos claros e o planejamento de meios que garantam o alcance desses objetivos. A esses meios chamamos de *estratégias*, as quais devem ser organizadas de modo a dinamizar a atuação do profissional, considerando-se que o ambiente está em constante mutação.

Alves Filho e Salm (2000, p. 11) afirmam que "o mundo é muito complexo para permitir que estratégias sejam todas desenvolvidas de uma vez, como planos ou visões claras. Assim, as estratégias emergem de pequenos passos, à medida em que a organização se adapta, ou aprende".

Em nossa abordagem sobre os conceitos de estratégia, buscamos demonstrar a importância que a estratégia tem no mundo organizacional, especialmente porque o ambiente de atuação é dinâmico. Destacamos que um dos fatores que dificultam a compreensão exata da estratégia é justamente a variedade de definições, sobretudo ao tratarmos dos 5 Ps da estratégia. A condução para a mudança é o efeito desejado de uma boa aplicação da estratégia, já que os esforços estariam sendo direcionados de modo correto.

Como mencionamos, o ambiente deve ser analisado, monitorado e interpretado regularmente. Devem ser examinadas as informações que compõem tanto o ambiente interno como o ambiente externo às atividades organizacionais, de modo a permitir a compreensão das tendências e das possibilidades futuras e ainda a descrição de cenários que ajudarão o estrategista a tomar boas decisões, com conhecimento do potencial da empresa. É exatamente nesse momento de interpretação das informações e de tomada de decisão para direcionar os resultados que o papel do estrategista se destaca. Sobre esse profissional recaem diversos desafios, que mudam de acordo com os níveis hierárquicos da organização e que também mudam significativamente quando da atuação do investigador. Para ser estrategista, o profissional deve buscar o aprendizado constante.

As diversas ferramentas que apresentamos, além dos conceitos de estratégia, podem permitir ao investigador uma melhor atuação. A gestão de negócios de investigação profissional também depende desses elementos para que possa garantir que a organização seja promissora e apresente os resultados desejados na relação entre investimento e retorno. Há várias outras ferramentas que podem auxiliar o estrategista e que não foram apresentadas nesta obra; procuramos selecionar as principais, mais relevantes para o tema enfocado aqui. No entanto, o estrategista pode, e deve, buscar e adaptar outras ferramentas, facilmente encontradas na literatura sobre estratégia.

Tratamos ainda da análise de desempenho, ponto fundamental para verificar se as estratégias adotadas estão surtindo o efeito desejado. Com a comparação entre o que se esperava e os resultados obtidos, é possível demonstrar se a tomada de decisão teve o embasamento necessário e se os parâmetros planejados estão corretos. Para fazer uma análise de desempenho adequada, é preciso ter ainda um bom entendimento das características próprias do investigador ou da organização, para que se possam otimizar os valores entregues, o que valoriza a raridade do produto/serviço e reduz a possibilidade de imitação por parte dos concorrentes.

Desse modo, a empresa mantém condições de organização para que o desempenho possa ser sustentado. Essas condições permitem estabelecer o posicionamento estratégico, que define a forma de atuação segundo parâmetros próprios, capazes de promover o bom desempenho.

Por fim, abordamos aspectos da estratégia aplicados aos negócios de investigação profissional, tanto na gestão quanto nas atividades do investigador, considerando a similaridade das ações que esses dois contextos demandam. Nos dois casos, a utilização das ferramentas se faz bastante útil e necessária, a exemplo do PDCA, que permite a correta condução daquilo que se deve realizar por meio do planejamento prévio e da posterior execução, com monitoramento e controle para garantir os resultados.

Com base no que vimos, podemos concluir que o desempenho do investigador profissional está relacionado às práticas adotadas. A medição de desempenho, por exemplo, depende do planejamento, que gera linhas de base para verificação. Assim, fica mais claro compreender por que planejar e acompanhar as atividades de investigação profissional pode assegurar melhores resultados para o profissional e para a empresa.

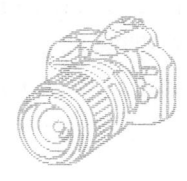

referências

ALVES FILHO, A.; SALM, J. F. A formação da estratégia pela aprendizagem organizacional. **Revista de Ciências da Administração – RCA**, ano 2, n. 3, p. 7-16, abr. 2000.

BARNEY, J. B.; HESTERLY, W. S. **Administração estratégica e vantagem competitiva**: conceitos e casos. 3. ed. São Paulo: Pearson Prentice Hall, 2011.

CHIAVENATO, I. **Introdução à teoria geral da administração**. São Paulo: Elsevier, 2004.

COSTA, E. A. **Gestão estratégica**. São Paulo: Saraiva, 2006.

DEMING, W. E. **Saia da crise**: as 14 lições definitivas para controle de qualidade. São Paulo: Futura, 2003.

ELAINA, J. Desenhar estratégias de marketing para mercados líderes, desafiadores, seguidores e nichos. **Portal Gestão**, 1º maio 2011a. Disponível em: <https://www.portal-gestao.com/artigos/6641-desenhar-estrat%C3%A9gias-de-marketing-para-mercados-l%C3%ADderes-desafiadores-seguidores-e-nichos.html>. Acesso em: 16 abr. 2020.

ELAINA, J. O posicionamento de marketing como passo central na estratégia. **Portal Gestão**, 1º maio 2011b. Disponível em: <https://www.portal-gestao.com/artigos/6636-o-posicionamento-de-marketing-como-passo-central-na-estrat%C3%A9gia.html>. Acesso em: 16 abr. 2020.

KLUYVER, C. A. de; PEARCE II, J. A. **Estratégia**: uma visão executiva. São Paulo: Pearson Prentice Hall, 2007.

MINTZBERG, H. et al. **O processo da estratégia**: conceitos, contextos e casos selecionados. 4. ed. Porto Alegre: Bookman, 2006.

MONTGOMERY, C. A.; PORTER, M. E. **Estratégia**: a busca da vantagem competitiva. Rio de Janeiro: Campus, 1998.

PORTER, M. E. **Vantagem competitiva**: criando e sustentando um desempenho superior. Rio de Janeiro: Campus, 1990.

QUINTELLA, R.; CABRAL, S. Um modelo espacial para análise e ensino de escolas de pensamento estratégico. **Revista de Administração Pública – RAP**, v. 41, n. 6, p. 1165-1188, 2007.

ROYER, R. As estratégias competitivas genéricas de Porter e o novo paradigma da customização em massa. In: ENCONTRO NACIONAL DE ENGENHARIA DE PRODUÇÃO, 30., 2010, São Carlos. Disponível em: <http://www.abepro.org.br/biblioteca/enegep2010_TN_STP_119_775_15122.pdf>. Acesso em: 16 abr. 2020.

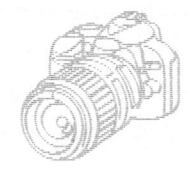

respostas

Capítulo 1
Questões para revisão

1. Com a definição de prazos para as metas, é possível medir o desempenho e compreender a eficácia das estratégias adotadas. Se um objetivo não está amarrado a um prazo, seu atendimento não terá como ser avaliado; pode até mesmo cair no descaso por parte dos envolvidos.

2. O mercado é dinâmico e está em constante transformação, podendo se alterar rapidamente. As organizações precisam estar preparadas para se adaptarem a essas mudanças, portanto o planejamento não pode ser estático ou linear. O conjunto de estratégias deve ser estabelecido de acordo com as possibilidades identificadas de mudanças (previsíveis ou imprevisíveis), garantindo-se o foco nos objetivos, com eficácia operacional e vantagem competitiva.

3. e

4. c

5. d

Capítulo 2
Questões para revisão

1. Devem ser elaborados três cenários – otimista, pessimista e neutro – para que se possam estabelecer estratégias que permitam manter a empresa na direção dos objetivos e das metas no ambiente dinâmico em que está inserida. Ao definir extremos positivos e negativos, consegue-se compreender melhor as possibilidades de variação nos resultados. Assim, com os três cenários, é possível

aproveitar as oportunidades que surgem em um contexto otimista e minimizar a exposição aos riscos em condições pessimistas.

2. A análise do ambiente interno permite compreender os pontos fortes e os pontos fracos da organização, demonstrando o potencial de vantagem competitiva no mercado. Tais pontos devem ser considerados para ampliar a capacidade de ação da empresa em face das oportunidades e das ameaças que vêm do ambiente externo.

3. a

4. b

5. d

Capítulo 3
Questões para revisão

1. A visão do estrategista não pode limitar-se àquilo que é tangível, devendo ser ampliada para as possibilidades futuras. Para isso, o profissional deve ter conhecimento não só das informações já estabelecidas, mas também do funcionamento dos mecanismos e das influências que podem afetar os objetivos propostos.

2. O ambiente de atuação é dinâmico, muda constantemente, e não é controlável. É papel do estrategista bem-sucedido convencer a organização de que há um correto direcionamento das atividades, mesmo quando ele não tem um conjunto de objetivos estabelecidos de modo totalmente satisfatório, já que esses objetivos devem trazer um senso de direção. A definição dos objetivos nunca é totalmente clara em virtude das condições dinâmicas do ambiente. A estratégia precisa, portanto, ser constantemente revisada.

3. a

4. b

5. c

Capítulo 4
Questões para revisão

1. A fase de maturidade corresponde ao momento em que todo o mercado potencial já está atendido e, com isso, diminui o crescimento de novas vendas, ou seja, nesse momento, o volume de vendas não cai, apenas para de crescer. Por isso, as fatias de mercado passam a ser disputadas pela concorrência, o que gera tendência de queda nos preços e nas margens de lucratividade.

2. Ambiente interno: forças, os aspectos positivos próprios da organização; fraquezas, as condições que precisam de melhorias, os pontos negativos ou que demonstram as fragilidades do modelo utilizado.

   Ambiente externo: oportunidades, os pontos positivos que vêm do mercado e que devem ser aproveitados para a melhoria dos resultados da organização; ameaças, as condições de risco ou que demandam cuidados para que o negócio não fracasse.

3. c

4. e

5. a

Capítulo 5
Questões para revisão

1. A imitação pode ocorrer de duas formas: por duplicação, quando a empresa concorrente tenta imitar a vantagem competitiva, como a habilidade de fechar bons contratos, e por substituição, quando a empresa concorrente descobre uma forma de imitar os processos com recursos substitutos e muitas vezes mais baratos.

2. A sustentação baseada em atividades muitas vezes é mais vantajosa do que a sustentação baseada em recursos porque foca as atividades que a empresa desempenha, e não os recursos que ela possui (os recursos são mais fáceis de imitar). Assim, a imitação pode levar mais tempo, custar mais e oferecer menos. Nesse caso, consideram-se o dia a dia da empresa, as atividades em conjunto desempenhadas pelas pessoas e o uso dos recursos.

3. b
4. d
5. a

Capítulo 6
Questões para revisão

1. O investigador profissional deve agir como um estrategista sobretudo para que não seja previsível, o que dará a ele vantagem em face da distorção das informações, fato que sempre interessa a pelo menos uma das partes envolvidas nos casos de investigação.

2. A ferramenta 5W2H serve para identificar como as tarefas serão resolvidas, trazendo clareza e suporte à execução. Ela se torna extremamente importante para o investigador profissional por permitir organizar o trabalho, até mesmo de forma participativa, com todos os envolvidos, acarretando maior assertividade e direcionamento nas ações.

3. b
4. c
5. e

sobre o autor

Fernando Eduardo Kerschbaumer é doutorando em Administração pelo Programa de Mestrado e Doutorado em Administração da Universidade Positivo (PMDA-UP), na linha de pesquisa de Estratégia, Inovação e Empreendedorismo, com ingresso em 2018. É mestre em Bioenergia pela Universidade Federal do Paraná (UFPR), em conjunto com a Universidade Estadual de Londrina (UEL) e a Universidade Estadual de Ponta Grossa (UEPG), tendo defendido dissertação que compreende uma pesquisa socioeconômica sobre a utilização de bambu para fins energéticos em meio industrial. É graduado em Administração de Empresas pela Fundação de Estudos Sociais do Paraná (2004). e especialista em Engenharia Financeira pelo Centro Universitário Uninter (2009). Tem formação em Magistério Superior (2010) e MBA em Engenharia de Produção (2018) também pelo Centro Universitário Internacional – Uninter. É professor do ensino superior dos cursos da área de gestão e negócios no Centro Universitário Uninter desde 2012. Atua também como empresário e como consultor em gestão comercial e gestão de projetos.

Os papéis utilizados neste livro, certificados por instituições ambientais competentes, são recicláveis, provenientes de fontes renováveis e, portanto, um meio responsável e natural de informação e conhecimento.

FSC
www.fsc.org
MISTO
Papel produzido a partir de fontes responsáveis
FSC® C103535

Impressão: Reproset
Fevereiro/2023

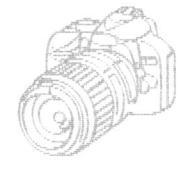